PETER BRIEGER
STEFAN WATZKE
ANJA GALVAO
MICHAEL HÜHNE
BERTHOLD GAWLIK

Wie wirkt berufliche Rehabilitation und Integration psychisch kranker Menschen?

PETER BRIEGER
STEFAN WATZKE
ANJA GALVAO
MICHAEL HÜHNE
BERTHOLD GAWLIK

Wie wirkt berufliche Rehabilitation und Integration psychisch kranker Menschen?

Ergebnisse einer kontrollierten Studie

Gefördert durch das Bundesministerium für Bildung und Forschung
(Förderkennzeichen: 01 GD 0116)
im Rahmen des Forschungsverbundes
Rehabilitationswissenschaften
Sachsen-Anhalt/Mecklenburg-Vorpommern

Forschung für die Praxis – Hochschulschriften

Psychiatrie-Verlag

Peter Brieger, Stefan Watzke, Anja Galvao, Michael Hühne, Berthold Gawlik. **Wie wirkt berufliche Rehabilitation und Integration psychisch kranker Menschen? Ergebnisse einer kontrollierten Studie.**
ISBN 3-88414-397-2
Gefördert durch das BMBF (Förderkennzeichen: 01 GD 0116) im Rahmen des Forschungsverbundes Rehabilitationswissenschaften Sachsen-Anhalt/Mecklenburg-Vorpommern

Bibliografische Information der Deutschen Nationalbibliothek
Die Deutsche Nationalbibliothek verzeichnet diese Publikation in der Deutschen Nationalbibliografie; detaillierte bibliografische Angaben sind im Internet über http://dnb.ddb.de abrufbar.

7. Auflage 2012
© Psychiatrie-Verlag gGmbH, Bonn 2006
Alle Rechte vorbehalten. Kein Teil dieses Werkes darf ohne Zustimmung des Verlags vervielfältigt oder verbreitet werden.
Umschlaggestaltung: Dorothea Posdiena, Dortmund
Satz: Psychiatrie-Verlag, Bonn
Druck: KN Digital Printforce GmbH, Stuttgart
Psychiatrie-Verlag im Internet: www.psychiatrie-verlag.de

1 Zusammenfassung	9
2 Hintergrund	10
2.1 Einführung	10
2.2 Definition und Ziele beruflicher Rehabilitation	12
2.3 Rehabilitationskonzepte für psychisch Kranke	15
2.4 Konzepte der beteiligten Einrichtungen zur beruflichen Rehabilitation bzw. Integration	20
2.4.1 Die RPK Sachsen-Anhalt gGmbH	21
2.4.2 Träger sozialer Einrichtungen (TSE gGmbH)	24
2.5 Ergebnisse der Evaluationsforschung, offene Fragen	28
2.5.1 Evaluation anhand normativer Erfolgskriterien	32
2.5.2 Evaluation anhand Erfolgskriterien des relativen Fortschritts	33
2.5.3 Evaluation anhand subjektiv-funktionaler Erfolgskriterien	35
2.5.4 Evaluation anhand Arbeitsfähigkeiten als Erfolgskriterien der beruflichen Rehabilitation	36
2.6 Zusammenfassung	37
3 Methodik	39
3.1 Zielsetzungen und Fragestellungen	39
3.1.1 Hauptfragestellung	39
3.1.2 Weitere Fragestellungen	39
3.2 Studiendesign	40
3.3 Variablen und Operationalisierungen	41
3.3.1 Operationalisierung der abhängigen Variablen/Erfolgskriterien	41
3.3.2 Operationalisierung der unabhängigen Variablen/Prädiktoren	45
3.4 Untersuchungsplan	49
3.4.1 Datenschutz/Ethikkommission	49
3.4.2 Untersuchungsdurchführung für die Indexgruppe	49
3.4.3 Untersuchungsdurchführung für die Vergleichsstichprobe	52

3.5 Bezug des Designs zu den dargestellten Fragestellungen
und statistische Auswertung 55

3.6 Störeinflüsse und Maßnahmen zur Kontrolle 58

3.7 Stichprobengewinnung und Drop-outs 59
    3.7.1 Indexgruppe 59
    3.7.2 Vergleichsstichprobe 59

4 Ergebnisse 62

4.1 Analyse der Studienabbrecher 62

4.2 Stichprobenbeschreibung 62
    4.2.1 Soziodemografischer Hintergrund 63
    4.2.2 Bildungs- und Beschäftigungshintergrund 65
    4.2.3 Sozioökonomischer Hintergrund und Wohnsituation 66
    4.2.4 Erkrankungshintergrund 68
    4.2.5 Rehabilitationsgeschichte und maßnahmebezogene Parameter 69
    4.2.6 Verteilungsparameter der eingesetzten Untersuchungsinstrumente
unabhängiger Variablen/Prädiktoren 72

4.3 Verlaufsparameter 73
    4.3.1 Gütekriterien der Verlaufsparameter 73
    4.3.2 Symptomatologische Parameter – PANSS 74
    4.3.3 Symptomatologische Parameter – HADS-D 76
    4.3.4 Arbeitsfähigkeiten – O-AFP 77
    4.3.5 Funktionale Ergebnisparameter 79
    4.3.6 Subjektive Erfolgsparameter – Lebensqualität 80
    4.3.7 Subjektive Erfolgsparameter – Bedürfnislage 83
    4.3.8 Subjektive Erfolgsparameter – Visuell-Analog-Skala (VAS) 84
    4.3.9 Wiedereingliederung 88

4.4 Regressionsergebnisse 89
    4.4.1 Arbeitsfähigkeiten 89
    4.4.2 Funktionale Erfolgsparameter 92
    4.4.3 Subjektive Erfolgsparameter – Lebensqualität 95
    4.4.4 Subjektive Erfolgsparameter – Bedürfnislage 100
    4.4.5 Wiedereingliederung 103
    4.4.6 Zusammenfassung der Regressionsergebnisse 104

5 Diskussion und Ausblick 106

5.1 Methodenkritik 106

5.2 Diskussion der Befunde und Ausblick 110
    5.2.1 Welche Effekte haben die Maßnahmen der beruflichen Rehabilitation bzw. Integration auf die Teilnehmer im Vergleich zu einer Vergleichsgruppe? 110
    5.2.2 Prädiktoren des Rehabilitationserfolges 119
    5.2.3 Wer wird rehabilitiert bzw. »integriert«? Wie sind die medizinischen, sozialrechtlichen und individuellen Zugangswege zur Rehabilitation bzw. zur Integrationsfirma? 123

5.3 Resümee und Ausblick 125

5.4 Praktische Umsetzungsperspektiven 128

Literatur 131

Anschriften der Autoren 142

Danksagung

Wir bedanken uns beim Bundesministerium für Bildung, Wissenschaft, Forschung und Technologie sowie beim Rehabilitationswissenschaftlichen Forschungsverbund Sachsen-Anhalt/Mecklenburg-Vorpommern für die Bereitstellung der Mittel zur Durchführung dieser Studie. Beim Rehabilitationswissenschaftlichen Forschungsverbund Sachsen-Anhalt/Mecklenburg-Vorpommern bedanken wir uns zudem für die zahlreichen Anregungen und kritischen Hinweise sowie die Organisation von Seminaren und Kollegs, die unsere wissenschaftliche Arbeit maßgeblich gefördert und bereichert haben. Ganz besonderer Dank gebührt der Geschäftsstelle des Forschungsverbundes Sachsen-Anhalt/Mecklenburg-Vorpommern, namentlich Frau Patzelt, Herrn Dr. Weber, Prof. Dr. Slesina und auch Frau Winge, die uns zu jeder Zeit optimal unterstützt haben. Weiterhin möchten wir all denjenigen niedergelassenen Ärzten und psychosozialen Einrichtungen danken, die uns bei der Rekrutierung unserer Vergleichsstichprobe tatkräftig und uneigennützig behilflich waren. Nicht zuletzt danken wir unseren wissenschaftlichen Hilfskräften Silke Just und Vinzent Krause, die die Studie stets mit großer Einsatzbereitschaft unterstützten.

Besonderer Dank gilt den Probanden unserer Untersuchung, die an den zahlreichen Befragungen teilgenommen und die wiederkehrenden Fragebögen ausgefüllt haben.

1 Zusammenfassung

In zwei ambulanten, gemeindenahen Einrichtungen der beruflichen Rehabilitation und Integration psychisch Kranker (der RPK Sachsen-Anhalt und der TSE gGmbH) wurde prospektiv und kontrolliert untersucht, welche Rehabilitationserfolge erreicht wurden. Dazu wurden in beiden Einrichtungen insgesamt 123 Personen prospektiv und standardisiert hinsichtlich verschiedener Variablen untersucht (Psychopathologie, Bedürfnisse, Behinderung, Befindlichkeit, Lebensqualität, Arbeitsfähigkeiten, Wiedereingliederung ins Arbeitsleben) und einer gematchten Vergleichsgruppe (N = 75) gegenübergestellt. Untersuchungen in der Versuchsgruppe erfolgten zu Beginn, nach sechs Monaten Verbleib und bei Abschluss der Maßnahme sowie neun Monate nach Beendigung. Simultan zum Maßnahmeeintritt der Versuchsgruppe wurde die Vergleichsgruppe rekrutiert und ebenfalls neun Monate später erneut untersucht.

Insgesamt hatte sich die Beschäftigungssituation der Teilnehmer der beruflichen Rehabilitations- bzw. Integrationsmaßnahmen zum Maßnahmenaustritt und zur Neun-Monats-Katamnese verbessert. Es konnte darüber hinaus eine Verbesserung der Arbeitsfähigkeiten bei den Rehabilitanden festgestellt werden. Es war zudem eine Erhöhung des Funktionsniveaus im Verlauf der Maßnahme und darüber hinaus zu beobachten. Hinsichtlich subjektiver Befindlichkeitsvariablen (depressive und Angstsymptome, Lebensqualität, Bedürfnisse) berichteten die Rehabilitanden im Verlaufe der Untersuchung gebesserte Werte. In Bezug auf psychopathologische Symptome war ein Rückgang zu beobachten.

Analysen zur Vorhersage des Rehabilitationserfolges ergaben Hinweise auf Prädiktoren im Bereich der prämorbiden Anpassung, neurokognitiver und z. T. medizinischer Variablen. Ursache eines Maßnahmeabbruchs lag häufig in der Exazerbation einer Erkrankung, zum anderen brachen Männer mit dissozialen Persönlichkeitszügen die Maßnahme oft vorzeitig ab.

Abschließend ergaben sich Hinweise, dass vornehmlich schwerer erkrankte Personen mit längerer Beschäftigungslosigkeit einer Rehabilitations- bzw. Integrationsmaßnahme zugewiesen wurden.

2 Hintergrund

2.1 Einführung

Zu den weltweit zehn häufigsten Ursachen dauerhafter Behinderung zählen Depressionen, Alkoholabhängigkeit, bipolar affektive Erkrankungen, Schizophrenien und Zwangsstörungen (Murray & Lopez 1996). Nach diesen Zahlen machen psychisch behinderte einen Anteil von mehr als einem Fünftel der Zahl dauerhaft behinderter Menschen aus. Schwere psychische Erkrankungen weisen häufig Merkmale auf, die sich als deutliche Erschwernisse für eine erfolgreiche Teilhabe am Arbeitsleben auswirken. Allein die Anwesenheit psychiatrischer Symptome (z. B. Depression, die die Betroffenen daran hindert, aus dem Bett zu kommen, um zur Arbeit zu gehen; Wahnvorstellungen, die Arbeitsbeziehungen beeinträchtigen können) schränken die Fähigkeit ein, einer Arbeitstätigkeit nachgehen zu können. Die Betroffenen selbst nehmen sich als stark beeinträchtigt wahr und erkennen, dass die Erkrankung ihre Leistungen im Beruf mindert (Baron & Salzer 2002). In einer Langzeituntersuchung zum beruflichen und sozialen Outcome schwerer psychischer Erkrankungen kamen beispielsweise Marneros, Deister und Rohde (1992) zu dem Ergebnis, dass 72 % der untersuchten Patienten mit Schizophrenie im Laufe der Erkrankung einen beruflichen Abstieg im Vergleich zu ihrem prämorbiden Leistungsniveau erfahren mussten. Bei Patienten mit schizoaffektiven Störungen waren noch 42 % von einem solchen Abstieg betroffen, Personen mit affektiven Erkrankungen zu 29 %. Gleichermaßen kam es zu einem sozialen Abstieg, von dem am stärksten wiederum schizophrene Patienten betroffen waren. Zudem scheint gerade für Personen mit chronischen psychischen Erkrankungen eine vorzeitige Berentung als einzige Alternative in Betracht zu kommen (Brieger, Blöink, Röttig & Marneros 2004). Chronisch psychisch kranke Menschen, die frühzeitig berentet werden, haben jedoch meist nur geringe Rentenbeiträge geleistet und können folglich nur geringe Zahlungen erwarten. Zwar stellt für manche Betroffene eine Berentung eine finanzielle Absicherung dar, die damit einhergehenden Leistungen sind aber oftmals niedrig. Dementsprechend droht in vielen Fällen Verarmung, darüber hinaus geht der Zugang zur Finanzierung weiterer rehabilitativer Maßnahmen verloren.

Laut eines im Jahr 2001 vorgelegten Armutsberichtes des Bundesministeriums für Arbeit und Sozialordnung waren nur wenig mehr als die Hälfte der Menschen mit psychischen Erkrankungen erwerbstätig (inkl. Beschäftigung als Hausfrau) oder in Ausbildung. 42,3 % der Betroffenen waren aus dem Erwerbsleben ausgeschieden, davon waren 16,5 % langzeitarbeitslos, 12 % Sozialhilfeempfänger und 13,9 % Frührentner. Nach einer Umfrage aus den 90er-Jahren (ANGERMEYER & MATSCHINGER 1996) waren lediglich 5,6 % der chronisch psychisch kranken Menschen vollbeschäftigt, 6,5 % waren teilzeitbeschäftigt, weitere ca. 20 % verfügten über einen geschützten Arbeitsplatz. In beruflicher Rehabilitation befanden sich ca. 5 %. Fünfzehn Prozent der Personen nutzten psychosoziale Angebote zur Tagesgestaltung bzw. Beschäftigung. Etwa der Hälfte der Erkrankten stand keinerlei Arbeits- oder Beschäftigungsangebot zur Verfügung. Diese Daten korrespondieren mit internationalen Befunden, nach denen in Europa die Beschäftigungsraten psychisch Kranker lediglich zwischen 10 % und 20 % liegen. Bei ersterkrankten schizophrenen Patienten zeigten sich Beschäftigungsraten von 52 % bis 65 %, die bei Fortbestehen der Erkrankung innerhalb kurzer Zeit auf 25 % bis 49 % fielen (MARWAHA & JOHNSON 2004).

Die Region, in der die Datenerhebung der vorliegenden Untersuchung stattfindet, ist durch eine sehr hohe Arbeitslosigkeit gekennzeichnet. In Halle/Saale, dem Saalkreis und Bitterfeld betrug die Arbeitslosenquote im Februar 2005 21,2 % (AGENTUR FÜR ARBEIT HALLE 2005). Dies spiegelt sich auch in der Arbeits- und Beschäftigungssituation psychisch Kranker der Stadt Halle wider. So sind nahezu 94 % der Klienten des betreuten Wohnens für psychisch Kranke berentet bzw. arbeitslos (AKTION PSYCHISCH KRANKE 2004).

Ein Wegfall oder Fehlen der Teilhabe am Arbeitsleben leistet neben einer Verschlechterung der materiellen Situation auch psychischen Erkrankungen Vorschub (KATES, GREIFF & HAGEN 1990) und trägt in erheblichem Ausmaß zu sozialem Ausschluss bei (BOARDMAN, GROVE, PERKINS & SHEPHERD 2003). So weiß man aus Stichproben der Allgemeinbevölkerung, dass Beschäftigungslosigkeit Suizidalität fördern kann, wie PRITCHARD (1992) an einer Stichprobe arbeitsloser junger Männer zeigte, bzw. Depressivität erhöht, wie für arbeitslose Frauen belegt wurde (BROMBERGER & MATTHEWS 1994). Bei schizophrenen Patienten zeigte sich, dass Beschäftigungslosigkeit mit einer Erhöhung der Negativsymptomatik einhergeht (WING & BROWN 1970). RICHARD WARNERS Metaanalyse (2004) zum Langzeitverlauf der Schizophrenie zeigte eindrucksvoll, dass während des letzten Jahrhunderts die allgemeine Arbeitsmarktsituation ein wesentlicher prognostischer Faktor war: In Zeiten der Vollbeschäftigung war der soziale Ausgang der Schizophrenie deutlich besser als in Zeiten hoher Arbeitslosigkeit.

Trotz dieser Erkenntnisse werden psychisch Behinderte sozialrechtlich bis heute in der beruflichen Rehabilitation und Integration benachteiligt (LEHMANN 1999). Zwar stellt die berufliche Rehabilitation oder Arbeitsrehabilitation (beide Begriffe werden in der vorliegenden Arbeit synonym verwendet) insgesamt einen wichtigen

Leistungsaspekt der Kostenträger in der Bundesrepublik dar, Einrichtungen der beruflichen Rehabilitation psychisch Kranker sind jedoch vergleichsweise rar. Insgesamt wurden im Jahre 2001 7,283 Mrd. Euro für Leistungen zur Teilhabe am Arbeitsleben aufgewendet – jedoch erfolgten nur etwa ein Prozent aller beruflichen Rehabilitationsmaßnahmen bei Menschen mit schweren psychischen Erkrankungen (BUNDESARBEITSGEMEINSCHAFT FÜR REHABILITATION 2003).

Die AKTION PSYCHISCH KRANKE (2004) geht davon aus, dass die Teilhabe am Arbeitsleben gerade für Personen mit psychischen Beeinträchtigungen große Bedeutung hat, denn Arbeit verschafft:
- die Möglichkeit persönlicher Erfolge und Sicherheit durch Bewältigung äußerer Anforderungen,
- die Möglichkeit, normale soziale Rollen zu erfüllen und einer chronischen Krankenrolle entgegenzuwirken,
- ein Kriterium für Genesung,
- sozialen Status und Identität,
- soziale Kontakte und Unterstützung,
- Tagesstrukturierung.

2.2 Definition und Ziele beruflicher Rehabilitation

Nach der Definition der Vereinten Nationen ist *Rehabilitation* »... die Summe jener aufeinander abgestimmten Maßnahmen, die darauf gerichtet sind, körperlich, geistig und/oder seelisch Behinderte bis zum höchsten, individuell erreichbaren Grad geistiger, sozialer, beruflicher und wirtschaftlicher Leistungsfähigkeit herzustellen oder wiederherzustellen, damit sie einen angemessenen Platz in der Gemeinschaft finden« (SCHUNTERMANN 2005). Die Formulierung »einen angemessenen Platz in der Gemeinschaft finden« impliziert dabei, dass die rehabilitierte Person einer Erwerbstätigkeit nachgehen und somit für ihren finanziellen Unterhalt selbst sorgen kann. Schon in der Vergangenheit und besonders heute ist Rehabilitation nämlich auch ökonomisch begründet, da die Kosten eines sozialen Ausschlusses hoch sind. DEISTER (1996) definiert *psychiatrische Rehabilitation* als Gesamtheit der Leistungen und Maßnahmen, die dem Ziel einer Eingliederung bzw. Wiedereingliederung von Patienten in die Gesellschaft dienen und nennt als wesentliche Bestandteile insbesondere die Bemühungen zur sozialen Rehabilitation und zur Rehabilitation in Arbeit und Beruf. Arbeit stellt für psychisch behinderte Menschen eine wichtige Voraussetzung für eine gleichberechtigte Teilhabe am Leben in der Gesellschaft dar.

Folglich nimmt die Arbeitsrehabilitation als Teilaspekt der Gesamtrehabilitation in der Versorgung psychisch Kranker einen wesentlichen Stellenwert ein, auch eine Organisation der Psychiatrie-Erfahrenen benennt Leistungen zur Teilhabe am Arbeitsleben als wesentlichen Bedarf in der Rehabilitation psychischer Erkrankungen (SCHERNUS 2001).

Unter *Arbeitsrehabilitation* werden sensu REKER (1998) alle systematischen und organisierten Bemühungen um eine Integration und Förderung psychisch Kranker und Behinderter in Beruf, Ausbildung oder Beschäftigung zusammengefasst.

Psychische Behinderung wird in diesem Zusammenhang fachlich folgendermaßen definiert: »Eine psychische Behinderung liegt vor, wenn als Folge einer vom Arzt festgestellten psychischen Erkrankung erhebliche psychische Störungen bestehen, die die Ausübung der sozialen Funktionen und Rollen (in Beruf, Familie, sozialen Gruppen usw.) nicht nur vorübergehend erheblich beeinträchtigen.« (BUNDESMINISTERIUM FÜR ARBEIT UND SOZIALORDNUNG 1987; S. 9). In der von der Aktion Psychisch Kranke vorgelegten Bestandsaufnahme zur Rehabilitation psychisch Kranker (AKTION PSYCHISCH KRANKE 2004) wurde eine differenzierte Darstellung der *Zielgruppe* derartiger Bemühungen erarbeitet. Adressaten von Leistungen zur Arbeitsrehabilitation sind demnach grundsätzlich Personen im erwerbsfähigen Alter mit schweren und chronisch verlaufenden psychischen Erkrankungen. Dabei stehen insbesondere Menschen im Fokus, die infolge ihrer Erkrankung bzw. psychischen Störung und der daraus resultierenden oder drohenden Beeinträchtigung der Aktivität und gesellschaftlichen Teilhabe einen komplexen Hilfebedarf haben und (zeitweise) nicht in der Lage sind, die erforderlichen Hilfen von sich aus in Anspruch zu nehmen bzw. zu koordinieren. In einer weiteren Differenzierung unterscheiden die Autoren der APK:
1. Personen mit vergleichsweise kurzfristigem Rehabilitationsbedarf im Anschluss an eine einmalige Akutbehandlung,
2. Personen mit rezidivierenden Erkrankungen und gegebenenfalls wiederholtem Bedarf an Rehabilitation und Unterstützung sowie
3. Personen mit längerfristig fortbestehenden Beeinträchtigungen, »in deren Folge ein längerer, teilweise mehrjähriger Bedarf an Leistungen zur Behandlung sowie zur Rehabilitation und Teilhabe besteht« (S. 17).

Nach Einschätzung der APK entwickeln etwa 3–5 % der Gesamtbevölkerung einen solchen längerfristigen Rehabilitationsbedarf im Laufe des Lebens, es kann davon ausgegangen werden, dass derzeit ca. 400 000 bis 500 000 Menschen im erwerbsfähigen Alter in Deutschland Leistungen zur Krankenbehandlung, Rehabilitation und Teilhabe benötigen (AKTION PSYCHISCH KRANKE 2004).

Dabei leidet die Mehrzahl der Klienten mit psychischen Störungen in Einrichtungen der Arbeitsrehabilitation an Erkrankungen aus dem schizophrenen Formenkreis (AKTION PSYCHISCH KRANKE 2002, 2004; REKER 1998).

Folglich ist es das wesentliche Ziel arbeitsrehabilitativer Bemühungen, die Erwerbsfähigkeit behinderter oder von Behinderung bedrohter Menschen entsprechend ihrer Leistungsfähigkeit zu erhalten, zu verbessern, herzustellen oder wiederherzustellen (Bundesarbeitsgemeinschaft für Rehabilitation & Bundesarbeitsgemeinschaft Rehabilitation psychisch kranker Menschen 2000). Dabei sollen entsprechende Hilfen frühzeitig, d. h. sobald der Bedarf entsteht, einsetzen und die Teilhabe am Arbeitsleben möglichst auf Dauer gesichert werden. Hierzu obliegt es den Rehabilitationsträgern (Arbeitsagenturen und Sozialämter, Rentenversicherer und Krankenkassen), alle erforderlichen Leistungen ganzheitlich und integrativ, d. h. auch über die jeweiligen Zuständigkeitsgrenzen hinaus zu erbringen. Bei der Auswahl der Leistungen sind Eignung, Neigung und bisherige Tätigkeit der psychisch behinderten oder von Behinderung bedrohten Menschen sowie die Lage und Entwicklung auf dem Arbeitsmarkt angemessen zu berücksichtigen (Aktion Psychisch Kranke 2004).

Die Ziele beruflicher Rehabilitation sind heute in der Bundesrepublik Deutschland in verschiedenen Abschnitten des Sozialgesetzbuches verankert.

Im § 10, SGB I wird zunächst vermerkt: »Wer körperlich, geistig oder seelisch behindert ist oder wem eine solche Behinderung droht, hat unabhängig von der Ursache der Behinderung ein Recht auf die Hilfe, die notwendig ist, um ... 2. ihm einen seinen Neigungen und Fähigkeiten entsprechenden Platz in der Gemeinschaft, insbesondere im Arbeitsleben, zu sichern.« Dieser allgemeine Grundsatz wird im § 1, SGB IX aufgegriffen und in einen Leistungsanspruch zur »Selbstbestimmung und Teilhabe am Leben in der Gesellschaft« überführt.

In Kapitel 5 des neunten Buches der Sozialgesetzgebung in Deutschland (SGB IX) werden unter Paragraph 33 die Leistungen zur Teilhabe am Arbeitsleben beschrieben:

»Zur Teilhabe am Arbeitsleben werden die erforderlichen Leistungen erbracht, um die Erwerbsfähigkeit behinderter oder von Behinderung bedrohter Menschen entsprechend ihrer Leistungsfähigkeit zu erhalten, zu verbessern, herzustellen oder wiederherzustellen und ihre Teilhabe am Arbeitsleben möglichst auf Dauer zu sichern ...«

Arbeitsrehabilitation strebt dementsprechend neben einer Reduktion psychischer Symptomatik im Wesentlichen die Förderung und Entwicklung sozialer Fertigkeiten und die günstige Gestaltung der Umgebungsbedingungen an. Das dabei vorrangige Ziel stellt die Sicherung der Teilhabe am Arbeitsleben dar (Aktion Psychisch Kranke 2002) bzw. eine Wiedereingliederung ins Arbeitsleben innerhalb einer befristeten Zeit (Hoffmann 1999). Dieses Ziel ist nicht nur für die Erreichung eines Einkommens von zentraler Bedeutung, sondern vor allem auch für die soziale Anerkennung, das Selbstwertgefühl, die Identität (Bach 1993) und die Teilhabe am gesellschaftlichen Leben (Bernhardt 2002).

Dabei kann es jedoch in Zeiten, in denen nicht allen gesunden Mitgliedern der Gesellschaft ein Arbeitsplatz angeboten werden kann, nicht das alleinige Ziel der Arbeitsrehabilitation sein, eine Beschäftigung auf dem ersten Arbeitsmarkt zu vermitteln. Bereits Morgan und Cheadle (1975) konnten zeigen, dass eine

Wiedereingliederung psychisch Kranker auf dem ersten Arbeitsmarkt ab 2 % Grundarbeitslosigkeit problematisch, ab 6 % nahezu unmöglich erscheint.

Ausgehend von dieser Ergebnislage wird deutlich, dass die Fokussierung auf die Wiedereingliederung der Erkrankten in den allgemeinen Arbeitsmarkt zu kurz greift. Rehabilitative Einrichtungen folgen zunehmend einem biologisch-psychosozialen Krankheitsmodell und sehen ihre Zielsetzung verstärkt auch in einer Stabilisierung der Symptomatik, Vermittlung psychoedukativer Inhalte sowie sozialer Kompetenzen. Diese Zielstellung ist auch vor dem Hintergrund der Problematik von Bedeutung, dass bei psychisch Erkrankten die bei vielen somatischen Erkrankungen gegebene typische zeitliche Abfolge von Akutbehandlung und anschließender Rehabilitation nicht als gegeben anzunehmen ist. Bei vielen Rehabilitanden kommt es zum Auftreten akuter Krankheitsphasen auch während der Rehabilitation und somit zu einem Rückschritt bei bereits erzielten Rehabilitationserfolgen. Ein derartiger diskontinuierlicher Krankheitsverlauf ist durch Schwankungen der psychischen Leistungsfähigkeit und Belastbarkeit gekennzeichnet. Eine zeitliche Trennung von Akutbehandlung und Rehabilitation ist deshalb kaum möglich, beide Anteile sind vielmehr miteinander verflochten (AKTION PSYCHISCH KRANKE 2004). Eine Stabilisierung der Erkrankung und die Reduktion von Symptomen stellt dementsprechend in beiden Versorgungsaspekten eine wichtige Zielstellung dar.

2.3 Rehabilitationskonzepte für psychisch Kranke

Für Menschen mit psychischen Beeinträchtigungen steht grundsätzlich das gesamte Spektrum von Arbeits-, Ausbildungs- und Beschäftigungsverhältnissen zur Verfügung. Darüber hinaus umfasst das System der Hilfeangebote für psychisch kranke und behinderte Menschen eine Vielzahl verschiedener Formen rehabilitativer Angebote, die in den letzten Jahrzehnten kontinuierlich ausgebaut wurden (PODESZFA 1997). Um das System zu beschreiben, lassen sich verschiedene Ansätze verfolgen. Im Folgenden erfolgt eine Differenzierung rehabilitativer Angebote inhaltsbezogen anhand der zur Verfügung gestellten Leistungen, anschließend wird eine Übersicht über die existierenden Konzepte bzw. Einrichtungstypen gegeben.

Berufliche Rehabilitation umfasst einen weiten Bereich einzelner Tätigkeitsfelder, wie anhand des »Kölner Instrumentariums« (ALBERS et al. 2002) entsprechend Abbildung 1 dargestellt werden kann. Diese Tätigkeitsfelder stehen in Abhängigkeit zueinander und folgen einer Versorgungskette entlang des Überganges der psychischen Erkrankungen aus einer akuten in eine postakute, stabilere Phase.

Den Beginn dieser rehabilitativen Versorgungskette markiert eine Vorbereitung auf die eigentliche Rehabilitation durch die Orientierung über bestehende Reha-

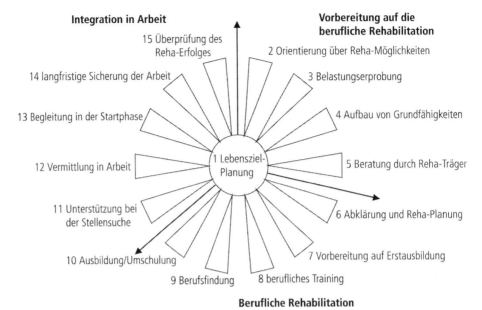

Abb. 1: Funktionsbereiche beruflicher Rehabilitation und Integration psychisch Kranker nach ALBERS et al. (2002).

bilitationsmöglichkeiten im ambulanten psychiatrischen bzw. klinischen Bereich, durch Sozialpsychiatrische Dienste und Einrichtungen oder die Rehabilitationseinrichtungen selbst. Belastungserprobungen stellen eine handlungsorientierte Überprüfung der aktuellen Arbeitsfähigkeit in den relevanten Tätigkeitsfeldern dar (COOK & RAZZANO 2000). Vor allem nach längeren Phasen ohne Berufstätigkeit erscheint es zudem nötig, zunächst einen Aufbau von Grundarbeitsfähigkeiten (Zeitmanagement, Konzentration, Planung, Selbstständigkeit etc.) vorzunehmen. Auf der Basis der hier gewonnenen Informationen kann im Anschluss eine Rehabilitationsberatung über notwendige Hilfen und verfügbare Maßnahmen durch den Rehabilitationsträger erfolgen. Die folgende konkrete Planung der individuellen Maßnahmen sowie ein formeller Antrag auf die Gewährung von Rehabilitationsleistungen leitet die eigentliche berufliche Rehabilitation ein.

In der jeweilig angesprochenen Rehabilitationseinrichtung wird zunächst erneut ein individueller diagnostischer Prozess angestrebt, der über den Fortgang der Rehabilitation in Richtung einer Vorbereitung auf eine Erstausbildung, Berufsfindung, einer beruflichen Aus- bzw. Umschulung oder eines beruflichen Trainings im Rahmen des Angebotes der Einrichtung entscheidet.

Die Integration in Arbeit bzw. Beschäftigung als Ziel arbeitsrehabilitativer Maßnahmen tritt am Ende der Versorgungskette in den Fokus rehabilitativer Bemühungen. Eine Vorbereitung auf die bzw. eine Unterstützung bei der Stellensuche erfolgt als Intervention, um zwischen den individuellen Stärken bzw. beeinträchtigungsspezifischen Schwächen des Rehabilitanden und vorhandenen Arbeitsplätzen eine möglichst passgenaue Lösung zu finden. Nach Vermittlung einer Tätigkeit beziehen sich rehabilitative Leistungen auf die Begleitung des Rehabilitanden in der Startphase, Unterstützung bei der langfristigen Sicherung des Arbeitsplatzes, auch bei sich eventuell verändernden Rahmenbedingungen sowie die Evaluation der Rehabilitationsbemühungen (ALBERS et al. 2002).

Im Zuge einer fortschreitenden institutionellen Differenzierung hat sich in Deutschland eine große konzeptionelle und inhaltliche Vielfalt an Rehabilitationseinrichtungen entwickelt, so dass es insgesamt kaum möglich erscheint, einen vollständigen Überblick zu erhalten (AKTION PSYCHISCH KRANKE 2004; ALBRECHT & BRAMESFELD 2004).

Ihren Beginn findet die beschriebene Versorgungskette bereits in der *ambulanten und stationär-psychiatrischen Krankenbehandlung* durch Diagnostik und Abklärung der Arbeitsfähigkeit sowie ggf. die Orientierung über Rehabilitationsmöglichkeiten und Veranlassung weiterer Maßnahmen. Zudem kann durch Ergotherapeuten bzw. stationäre Arbeitstherapie eine Förderung und Wiedererlangung von Grundarbeitsfähigkeiten angestrebt werden.

Mit den *Rehabilitationseinrichtungen für psychisch Kranke* (RPK) wurde für die Zielgruppe der Personen mit seelischen Beeinträchtigungen ein spezifisches Angebot zur integrierten medizinisch-beruflichen Leistungserbringung unter Einbeziehung verschiedener Leistungsträger entwickelt.

Das Hilfeangebot umfasst in der Regel ärztliche Behandlungen sowie Psycho-, Beschäftigungs- und Arbeitstherapie. Belastungserprobungen, Bewegungstherapien, soziotherapeutische Trainings und berufsvorbereitende Maßnahmen bilden weitere integrale Bestandteile, die von interdisziplinären Teams (Ärzte, Psychologen, Sozialarbeiter/Sozialpädagogen, nichtärztliche Therapeuten) angeboten und durchgeführt werden. Entstanden sind diese Rehabilitationseinrichtungen auf der Grundlage der »Empfehlungsvereinbarungen über die Zusammenarbeit der Krankenversicherungsträger und der Rentenversicherungsträger sowie der Bundesanstalt für Arbeit bei der Gewährung von Rehabilitationsleistungen in Rehabilitationseinrichtungen für psychisch Kranke und Behinderte« (BUNDESARBEITSGEMEINSCHAFT FÜR REHABILITATION 1987). Waren in den 80er-Jahren zunächst zentrale, stationäre und relativ große RPKs empfohlen worden, die ursprüngliche Empfehlungsvereinbarung der BAR (Bundesarbeitsgemeinschaft Rehabilitation) ging von mindestens 50 Plätzen aus, so hat sich in den 90er-Jahren, auch im Zuge des neuen Paradigmas der personenzentrierten Hilfen (KUNZE 1999), eine Abkehr von solchen stationären Großeinrichtungen durchgesetzt (BUNDESARBEITSGEMEINSCHAFT FÜR REHABILITATION & BUNDESARBEITSGEMEINSCHAFT REHABILITATION PSYCHISCH KRANKER MENSCHEN 2000; HÄFNER 1997). Zu Beginn des Jahres 2000 bestanden bundesweit 42 derartige Einrichtungen mit insgesamt 827 Plätzen, jedoch nur zwei in den neuen Bundesländern (BUNDESARBEITSGEMEINSCHAFT FÜR REHABILITATION & BUNDESARBEITSGEMEINSCHAFT REHABILITATION PSYCHISCH KRANKER MENSCHEN 2000). Auf die im Zuge der vorliegenden Arbeit beforschte RPK Sachsen-Anhalt gGmbH wird unter Punkt 2.4.1 genauer eingegangen.

Neben den RPKs tragen andere Einrichtungstypen wesentlich zur beruflichen Rehabilitation psychisch Kranker und Behinderter bei. Hier sind vor allem Berufsbildungswerke, Berufsförderungswerke, Berufliche Trainingszentren, Einrichtungen der ambulanten Arbeitstherapie, begleitende Hilfen (einschließlich Integrationsfachdienste), Integrationsfirmen, Zuverdienstprojekte und auch Werkstätten für behinderte Menschen zu nennen (AKTION PSYCHISCH KRANKE 2004; ALBRECHT & BRAMESFELD 2004; BUNDESARBEITSGEMEINSCHAFT FÜR REHABILITATION 1993). Berufsbildungs- und Berufsförderungswerke standen zunächst ausschließlich Menschen mit körperlichen bzw. Sinnesbehinderungen zur Verfügung, heute nehmen nahezu alle *Berufsförderungswerke (BFW)* auch Menschen mit psychischen Behinderungen auf. *Berufsbildungswerke (BBW)* stehen bundesweit in nur zwei Fällen ausschließlich psychisch behinderten Personen zur Verfügung, fünf weitere Einrichtungen dieses Typus nehmen psychisch Kranke in nennenswertem, neun weitere in geringerem Umfang auf, alle anderen nur im Einzelfall (BERNHARDT 2002). *Berufliche Trainingszentren (BTZ)* sind als Konzepte der wohnortnahen Rehabilitation speziell für psychisch behinderte Menschen eingerichtet worden (AKTION PSYCHISCH KRANKE 2004). Das hier angebotene Leistungsspektrum umfasst im Wesentlichen Qualifizierungs- und Trainingsmaßnahmen, Arbeitserprobungen und Berufsfindung, in Einzelfällen auch die Ausbildung. Den BFW, BBW und BTZ ist gemeinsam, dass sie von den Rehabilitanden ein hohes Maß an Stabilität und Belastbarkeit fordern, so dass eine zunächst halbschichtige, später vollschichtige Einsetzbarkeit gewährleistet ist. Somit bieten diese Einrichtungen im Vergleich zur RPK einen in der Versorgungskette fortgeschrittenen Anteil beruflicher Rehabilitationsaspekte an. *Werkstätten für behinderte Menschen (WfbM)* weisen demgegenüber die niedrigsten Anforderungen an die Belastbarkeit der Rehabilitanden auf. Nach Art und Schwere der Behinderung werden Beschäftigungsmöglichkeiten für grundsätzlich alle behinderten Menschen angeboten. Diese Einrichtungen verfügen über ein dichtes Netz wohnortnaher Angebote, stellen jedoch nur ein kleines Segment aus dem Spektrum der beruflichen Rehabilitationsleistungen zur Verfügung (AKTION PSYCHISCH KRANKE 2004), so z. B. eine angemessene berufliche Bildung und Beschäftigung zu einem leistungsgemäßen Entgelt sowie Förderangebote zur Erhaltung der Leistungs- und Erwerbsfähigkeit. Erst wenn andere berufliche Rehabilitationsversuche nicht mehr möglich sind, kommt eine beschützende Werkstatt für psychisch behinderte Menschen (WfBM) in Frage, in denen den Patienten eine dauerhafte Arbeitsmöglichkeit gegeben wird, die ihren eingeschränkten Fertigkeiten entspricht (DEISTER 1996). Hat ein psychisch Behinderter jedoch erst einmal einen geschützten Arbeitsplatz in einer solchen Einrichtung, kann dies für ihn oft die Endstation der Rehabilitation (EIKELMANN & REKER 1994) bedeuten. Teilhabe am Alltag wird er dort nur begrenzt finden: Es besteht die Gefahr der Abschottung. Die Re-Institutionalisierung jenseits der Krankenhausmauern wird hier unter Umständen greifbar (EIKELMANN, RICHTER & REKER 2005; PRIEBE et al. 2005).

Bezüglich *gewerblicher und gemeinnütziger Bildungsträger* liegt bislang keine systematische Übersicht vor. Die hier erbrachten Leistungen sind inhaltlich vielfältig und folgen unterschiedlichen Zielstellungen (AKTION PSYCHISCH KRANKE 2004). In vielen Fällen sind sie aus sozialrechtlicher Perspektive nicht unter den Begriff »Rehabilitation« zu subsumieren, sondern stellen Maßnahmen der »beruflichen Integration« dar. Aus diesem Grund soll an dieser Stelle nicht ausführlicher auf sie eingegangen werden.

Die weitgehende Differenzierung der bestehenden Angebote beruflicher Rehabilitation für psychisch Behinderte ist erforderlich, da die angesprochene Klientel einerseits ein weites Spektrum beruflicher Vorerfahrungen mit sich bringt und andererseits aufgrund der Erkrankung in unterschiedlichem Maße von Beeinträchtigungen ihrer Leistungsfähigkeit betroffen ist. Andererseits haben sich viele Einrichtungen der beruflichen Rehabilitation den jeweiligen örtlichen und sozialrechtlichen Gegebenheiten angepasst, so dass verschiedene Einrichtungen eines Typus sich unter Umständen erheblich voneinander unterscheiden können, während die Konzepte bestimmter Einrichtungen verschiedenen Typus (z. B. eines BTZ und einer RPK) möglicherweise viele gemeinsame Elemente aufweisen. Sowohl ALBRECHT und BRAMESFELD (2004) wie auch WEIG und SCHELL (2005) überprüften das Angebot gemeindenaher beruflicher Rehabilitationsmöglichkeiten für psychisch Kranke und kamen zu dem Schluss, dass sich das strukturelle Rehabilitationsangebot in den letzten Jahren insgesamt zwar verbessert hat, jedoch starke regionale Unterschiede zu verzeichnen sind. Insbesondere in den neuen Bundesländern sowie einigen westdeutschen Flächenstaaten existieren nur wenige Einrichtungen zur beruflichen Rehabilitation. Darüber hinaus stellt die hohe Arbeitslosigkeit gerade in den strukturschwachen Gebieten der neuen Bundesländer eine besondere Schwierigkeit zur Erreichung klassischer Ziele und Möglichkeiten der beruflichen Rehabilitation dar.

Ein neues, in Deutschland jedoch bisher wenig praktiziertes Prinzip der beruflichen Wiedereingliederung stellt das Paradigma des »*Supported Employment*« bzw. dessen manualisierte Interventionsform »*Individual Placement and Support*« (BECKER & DRAKE 2003) dar. Dieser in den USA entwickelte Ansatz unterstützender Beschäftigung stellt die Platzierung am alten oder neuen Arbeitsplatz in den Mittelpunkt. Zielgruppe sind Personen, die noch nicht ins Arbeitsleben integriert waren oder nicht mehr an ihren alten Arbeitsplatz zurückkehren können sowie Rehabilitanden, die Probleme bei der Rückkehr an den alten Arbeitsplatz haben. Das Vorgehen ist hier durch Vorbereitungstrainings und Leistungserprobungen, das Platzieren am alten oder an einem neuen Arbeitsplatz, dortiges Training und Unterstützung sowie Nachbetreuung mit kontinuierlichem Abbau der Hilfen gekennzeichnet. Dieser Ansatz wurde in seiner Wirksamkeit in einer Vielzahl von Untersuchungen bezüglich der Wiedereingliederungsquote belegt (COOK, LEFF et al. 2005; COOK, LEHMAN et al. 2005; CROWTHER, MARSHALL, BOND & HUXLEY 2003; GOLD et al. 2005; LEHMAN 1995), jedoch kommen MCGURK und MUESER (2004) in einer Übersichtsarbeit zu dem Schluss, dass trotz des größeren Erfolgs supportiver Beschäftigung im Vergleich zu anderen arbeitsrehabilitativen Programmen viele Teilnehmer nicht ausreichend von diesem neuen Ansatz profitieren können. So sei der Verbleib am Arbeitsplatz mit wenigen Monaten Beschäftigungsdauer oft recht kurz, ein Großteil der Rehabilitanden bräche die Beschäftigung ab oder würde entlassen.

Das in Deutschland praktizierte »Hamburger Modell« (GAUGGEL, KONRAD & WIETASCH 1998), das im Rahmen der EQOLISE-Studie in Ulm (EHIOSUN 2004) verfolgte Konzept des »Individual Placement and Support« sowie das Berner JOB COACH PROJEKT (HOFFMANN 2002, 2004) in der Schweiz stellen Ansätze des »Supported Employment« im deutschsprachigen Raum dar.

2.4 Konzepte der beteiligten Einrichtungen zur beruflichen Rehabilitation bzw. Integration

Der Arbeitsmarkt in Halle/Saale ist wie in vielen Städten in den neuen Bundesländern von hoher Arbeitslosigkeit geprägt. Entsprechend schwer ist es nicht nur für psychisch kranke Menschen, Arbeit oder Beschäftigung zu finden. In Halle existieren zurzeit zwei Einrichtungen mit Aufgaben der beruflichen Rehabilitation und Integration psychisch Kranker, die eng miteinander zusammenarbeiten. Sie werden von zwei verschiedenen gemeinnützigen Trägergesellschaften betrieben: Zum einen sind das die Integrationsbetriebe Halle 2000, betrieben von der TSE gGmbH, zum anderen die RPK, betrieben von der RPK gGmbH. Beide Einrichtungen haben von Anfang an flexible und dezentrale Konzepte verfolgt, da ihre Entwicklung nach der allgemeinen Abkehr von der RPK »klassischen Typus« erfolgte und dieses bereits konzeptionell in vollem Umfang berücksichtigt wurde. Dabei bilden die beiden Einrichtungen unterschiedliche Glieder in der Versorgungskette in der Region. Während die RPK Rehabilitationsmaßnahmen anbietet, hat die TSE als primäre Zielstellung die Integration der Betroffenen in den Arbeitsmarkt.

2.4.1 Die RPK Sachsen-Anhalt gGmbH

Bei der RPK Sachsen-Anhalt handelt es sich um eine Einrichtung der beruflichen Rehabilitation psychisch kranker Menschen.

Im Verlauf von neun- bis achtzehnmonatigen Maßnahmen wird angestrebt, die psychische Belastbarkeit und Leistungsfähigkeit allmählich so zu steigern, dass eine Eingliederung der Betroffenen in Ausbildung, Weiterbildung und Arbeit wieder möglich wird. Trägerin der Einrichtung ist die »RPK – Rehabilitation Psychisch Kranker gGmbH«, mit Sitz in Halle, die inzwischen weitere Einrichtungen gleicher Art in Leipzig sowie in Erfurt betreibt.

Die gesetzlichen Grundlagen der beruflichen Rehabilitation bildeten zum Zeitpunkt der Erhebungen im Projekt die Sozialgesetzbücher SGB III (Arbeitsförderung), SGB VI (gesetzliche Rentenversicherung) sowie SGB IX (Rehabilitation und Teilhabe behinderter Menschen). Potenzielle Leistungsträger sind dementsprechend die verschiedenen Rentenversicherungsträger und die Agenturen für Arbeit, darüber hinaus das Sozialamt, die Berufsgenossenschaften, private Unfallversicherungen sowie die Kriegsopferfürsorge.

Zielgruppe
Insgesamt stehen in der RPK Sachsen-Anhalt derzeit 70 Plätze zur Verfügung. Für bis zu 40 davon besteht die Möglichkeit einer stationären Unterbringung, so dass die Einrichtung Rehabilitanden aus der Stadt Halle, dem gesamten Land Sachsen Anhalt und darüber hinaus offen steht.

Die Zielgruppe der Einrichtung rekrutiert sich aus psychisch kranken Menschen, die störungsbedingt in ihrem seelischen Befinden, ihrer psychischen Belastbarkeit, ihrer Leistungsfähigkeit und sozialen Kontaktfähigkeit so beeinträchtigt sind, dass sie einer gezielten rehabilitativen Förderung bedürfen. Es werden Personen aufgenommen, die wegen einer psychischen Erkrankung, mit einhergehenden längeren Phasen von Arbeitsunfähigkeit und/oder stationären Behandlungen sowie teilweise nach langer Arbeitslosigkeit noch nicht wieder ausreichend belastbar für den Arbeitsmarkt sind. Junge Erwachsene, die durch psychische Erkrankung in ihrer Schul- und Berufsausbildung gescheitert sind, wechselhaft gearbeitet haben und deshalb noch keine stabile Berufsrolle finden konnten, gehören ebenfalls zur angesprochenen Klientel. Eine Spezialisierung auf bestimmte psychische Erkrankungen besteht dabei nicht. Jedoch können Personen, bei denen die Problematik einer geistigen Behinderung oder einer akuten Suchterkrankung im Vordergrund stehen, nicht in der RPK Sachsen-Anhalt aufgenommen werden.

Maßnahmeziele

Die Maßnahmen sind darauf ausgerichtet, negativen Effekten längerer Ausgliederung aus der Arbeitswelt entgegenzuwirken und die Teilnehmer im Rahmen ihrer individuellen Möglichkeiten mit den zukünftigen Anforderungen der Berufstätigkeit vertraut zu machen. Dabei kann sowohl die Rückführung in bereits vertraute Berufsfelder, die Aufnahme von Anlerntätigkeiten oder auch der weitere Erwerb von beruflichen Qualifikationen durch Ausbildung, Fortbildung und Umschulung angestrebt werden.

Nach meist langen Arbeitspausen (Arbeitsunfähigkeit, Klinikaufenthalte, Arbeitslosigkeit) wird den Betroffenen ein intensives Training angeboten, um verloren gegangene Grundarbeitsfähigkeiten, berufsfachliche Fähigkeiten und Fertigkeiten, die psychische und körperliche Belastbarkeit sowie die sozialen Kompetenzen stufenweise wieder aufzubauen. Anhand ihrer Erfahrungen im Maßnahmeverlauf sollen die Rehabilitanden eine realistische Selbsteinschätzung der eigenen Fähigkeiten und beruflichen Möglichkeiten entwickeln, um die weiteren Schritte der beruflichen Eingliederung darauf abzustimmen.

Das Fachteam

In der RPK werden psychisch kranke Personen durch qualifiziertes Fachpersonal betreut. Das Team der RPK besteht aus Diplompsychologen, Diplom-Pädagogen und Diplom-Sozialpädagogen, Heilpädagogen, Ergotherapeuten, Fachlehrern und Ausbildern. Darüber hinaus hat die RPK, auf Grundlage eines Kooperationsvertrages mit der Klinik und Poliklinik für Psychiatrie und Psychotherapie der Martin-Luther-Universität Halle-Wittenberg, einen Facharzt für Psychiatrie und Psychotherapie in die Arbeit eingebunden, der ärztliche Aufnahmegespräche führt und die Einrichtung berät. Durch ein solches multiprofessionelles Team werden die persönlichen Erfordernisse jedes einzelnen psychisch Kranken umfassend berücksichtigt, um die individuell verschiedenen Rehabilitationschancen optimal nutzen zu können. Die ärztliche und psychologische Begleitung der Rehabilitation zielt darauf ab, vorhandene krankheitsbedingte Beeinträchtigungen zu vermindern sowie einer erneuten Verschlechterung entgegenzuwirken.

Die Rahmenbedingungen der Rehabilitation

Die Dauer der Rehabilitation beträgt in der Regel neun bis achtzehn Monate. Dabei kann nach neun Monaten in Abstimmung mit dem Leistungsträger, auf der Grundlage eines umfassenden Berichts, gegebenenfalls über eine Verlängerung der Rehabilitationsdauer entschieden werden.

Die Rehabilitanden besuchen die Angebote im Haupthaus der Einrichtung von Montag bis Freitag, jeweils von 8:00 Uhr bis 15:00 Uhr. Während der Praktika werden die Arbeitszeiten an die betrieblichen Bedingungen angepasst, wobei das Ziel ist, einen regulären achtstündigen Arbeitstag zu erreichen.

Die RPK Sachsen-Anhalt ist als berufliche Rehabilitationseinrichtung bundesweit anerkannt und kann überregional aufnehmen. Die stationäre Unterbringung erfolgt in Wohngruppen von zwei bis drei Personen bei selbstständiger Versorgung. Eine pädagogische Betreuung der Wohnbereiche erfolgt bedarfsorientiert durch Gruppengespräche in der Einrichtung sowie Besuche der Betreuer in den Wohngruppen.

Das Rehabilitationsprogramm
Innerhalb des bewilligten Zeitrahmens werden für jeden Teilnehmer entsprechend seiner Möglichkeiten individuelle Rehabilitationsziele und -pläne erarbeitet, bei denen der Krankheitshintergrund, die intellektuellen und sozial-kommunikativen Voraussetzungen, die beruflichen Erfahrungen sowie die persönlichen Neigungen und Wünsche Berücksichtigung finden.

Ein individueller Rehaplan setzt sich demzufolge aus unterschiedlich gewichteten Bausteinen zusammen. Angeboten wird Fachunterricht (Grundlagenfächer Mathematik und Deutsch, EDV, ggf. kaufmännische Inhalte), Ergotherapie (Schwerpunkt: Training von Grundarbeitsfähigkeiten sowie von fein- und grobmotorischen handwerklichen Fertigkeiten), berufliche Beratung, kognitives Training und psychosoziale Gruppenangebote (Kommunikationstraining, Alltagsbewältigung, Training sozialer Kompetenzen, Psychoedukation, Stressbewältigung, Entspannungsverfahren etc.). Ferner nimmt die praktische Arbeitserprobung, innerhalb der Einrichtung im Lernbüro oder dem Werkstattbereich, außerhalb in unterschiedlichsten betrieblichen Praktika, einen hohen Stellenwert ein. Zusätzliche Angebote im Wahlbereich (z. B. Spiel- und Sportangebote, Kreativangebote) komplettieren das Konzept im Sinne aufgelockerter sozialer Lernsituationen sowie als Entlastung für Rehabilitanden, die noch zusätzliche Entspannungsmöglichkeiten brauchen. Die Anforderungen werden im Verlauf der Maßnahme entsprechend dem individuellen Leistungsvermögen stufenweise qualitativ und quantitativ gesteigert und von entlastenden bzw. entspannenden Angeboten in Richtung fördernder und aktivierender Inhalte verändert. Dabei erfolgt jedoch eine permanente Überprüfung und Einstufung der individuellen Fähigkeiten, um sowohl eine Überforderung als auch demotivierende Unterforderungen der Teilnehmer zu verhindern. Alle Schulungs- und Trainingsangebote erfolgen in kleinen Gruppen von sechs bis zehn Rehabilitanden, um einen individuellen Zugang zu den Teilnehmern zu ermöglichen. So können auch bei krisenbedingten Leistungstiefs Entlastungsmöglichkeiten organisiert werden.

Der Rehabilitationsverlauf ist in Phasen unterteilt. Die Dauer und Folge der einzelnen Phasen wird für jeden Teilnehmer individuell festgelegt und gegebenenfalls im Verlauf der Maßnahme verändert und angepasst.

Innerhalb der ersten vier bis acht Wochen erfolgt eine differenzierte Diagnostik und Feststellung des Ist-Zustandes durch das gesamte Fachteam. Dabei werden die kognitive, psychische und körperliche Leistungsfähigkeit des Rehabilitanden, seine soziale Anpassungsfähigkeit, seine berufliche Eingliederungschance sowie seine Dauerbelastbarkeit ermittelt.

Orientiert an den Eignungs- und Neigungsschwerpunkten des Rehabilitanden wird eine Entscheidung und Weichenstellung für die berufliche Zukunft des Teilnehmers in einem bestimmten Arbeitsbereich angestrebt.

Anschließend erfolgt eine Phase der Stabilisierung und des Trainings. Ziel ist es hier, über die vorangegangenen Schritte hinaus die Verbesserung der physischen, psychischen und konzentrativen Arbeitsbelastbarkeit, Stabilisierung bzw. Steigerung der Arbeitsgrundfähigkeiten (Pünktlichkeit, Ordnung, Arbeitstempo, Arbeitsanpassung usw.) und die Erhaltung und Entwicklung von Fertigkeiten, die für die berufliche Wiedereingliederung benötigt werden, zu erreichen.

Ist eine ausreichende Leistungsfähigkeit wieder hergestellt, erfolgt die Praxiserprobung in hausinternen und/oder betrieblichen Praktika. Diese Phase ermöglicht zum einen, die Arbeitsfähigkeiten unter realen Arbeitsbedingungen weiter zu trainieren, zum anderen, die vorgenommene Richtungsentscheidung nochmals kritisch zu überprüfen (und notfalls zu korrigieren). Bereits während dieser Phase wird der Rehabilitationsabschluss vorbereitet. Dazu werden weitere Schritte mit dem Rehabilitanden und dem Reha-Leistungsträger abgestimmt und eingeleitet. Dabei kann es sich um die Planung des Übergangs in eine Ausbildung, Umschulung oder Weiterbildungsmaßnahme ebenso handeln wie um die Bewerbung um Arbeitsstellen im angestrebten Bereich. Die Rehabilitation endet mit einem ausführlichen Abschlussbericht und konkreten Empfehlungen.

Für die gemeinsame Planung der vorgenannten Rehabilitationsphasen, den regelmäßigen Abgleich der Fremdwahrnehmung (Beurteilungen der Anleiter) und Selbstwahrnehmung der Rehabilitanden, für die berufliche Beratung und allgemeine soziale Fragen wird jedem Rehabilitanden ein pädagogischer Bezugsbetreuer zur Seite gestellt. Darüber hinaus hat jeder Teilnehmer noch einen psychologischen Ansprechpartner in der Einrichtung, welcher den Prozess der psychischen Stabilisierung und persönlichen Entwicklung begleitet und bei Krisen ansprechbar ist. Der betreuende Psychologe hält außerdem Kontakt zu externen Behandlern, wie Fachärzten und Psychotherapeuten, oder berät den Rehabilitanden hinsichtlich einer solchen externen ambulanten Behandlung, wenn diese nicht besteht aber notwendig erscheint.

2.4.2 Träger sozialer Einrichtungen (TSE gGmbH)

Bei der TSE gGmbH handelt es sich um einen Integrationsbetrieb, der in erster Linie psychosozial benachteiligte Menschen beschäftigt. Die TSE gGmbH hat es sich zur Aufgabe gemacht, benachteiligten Menschen Perspektiven zur beruflichen Wiedereingliederung zu ermöglichen, indem sie ihnen in verschiedenen Dienstleistungsbereichen einen Arbeitsplatz anbietet. Das hier realisierte Konzept ist das derzeit einzige dieser Art in Sachsen-Anhalt.

Zentraler Bestandteil des Wiedereingliederungsverfahrens für die Mitarbeiter ist die Kombination aus Qualifizierung, betrieblicher Arbeit und systematischer psychologischer und sozialpädagogischer Betreuung. Grundsatz ist dabei, den Mitarbeitern entsprechend ihren Fähigkeiten und Möglichkeiten eine geeignete Tätigkeit zu übertragen. Schritt für Schritt werden dabei neue Entwicklungsperspektiven erschlossen und das Spektrum der persönlichen Belastbarkeit und Einsatzfähigkeit erweitert. Die psychosoziale Betreuung stellt dabei die Sicherheit und die Begleitung in schwierigen Situationen dar. Darüber hinaus bietet die TSE gGmbH als Bildungsträger Stellensuchenden aller Berufsbereiche die Möglichkeit, mittels verschiedener Maßnahmeangebote eine Reintegration auf den ersten Arbeitsmarkt zu realisieren. In unterschiedlichen Bildungsangeboten werden theoretische Kenntnisse vermittelt, vertieft und in praktischen Anwendungsfeldern erprobt.

In der TSE werden verschiedene berufliche Integrationsmaßnahmen gemäß SGB III bzw. SGB XII angeboten. Im Besonderen handelt es sich um Trainingsmaßnahmen gemäß SGB III §§ 48–52 und Qualifizierungsmaßnahmen gemäß SGB III § 86 und §§ 81 ff. Zudem werden Angebote zur Förderung der Arbeitsverhältnisse gemäß SGB III §§ 217–224 sowie zur Förderung der Hilfe zur Arbeit (vormals nach BSHG §§ 19 ff.) vorgehalten. Aufnahme in diese Studie fanden ausschließlich Teilnehmer von Bildungsmaßnahmen zur beruflichen Reintegration. Dabei handelte es sich zum einen um Maßnahmen zur beruflichen Reintegration (»Reintegra V«, »Reintegra VI«, »Reintegra VII-1«, »Reintegra VII-2«), zum anderen um eine Bildungs- und Qualifizierungsmaßnahme für Benachteiligte und Langzeitarbeitslose auf der Grundlage des MoZArT-Modellvorhabens zur Zusammenarbeit von Sozialamt und Arbeitsamt (»Reintegra M«).

Die Reintegrationsmaßnahme
Die genannte berufliche Reintegrationsmaßnahme (Reintegra) richtet sich als Lehrgang an Stellensuchende aller Berufsbereiche, die innerhalb von zwölf Monaten im Hinblick auf die Rückführung in ein festes Arbeitsverhältnis theoretisch und praktisch qualifiziert werden sollen. Während der ersten neun Monate werden anhand ausgewählter Testverfahren persönliche Stärken und Schwächen herausgearbeitet sowie Kenntnisse in Deutsch mit neuer Rechtschreibung, Rechnen und EDV mit Grundlagen, Textverarbeitung und Tabellenkalkulation vermittelt. Im Anschluss daran werden über einen Zeitraum von drei Monaten für jeden Teilnehmer speziell zu seinen Arbeits- und Berufswünschen passende Betriebe ausgewählt, in denen jeder entsprechend seinen Fähigkeiten eine praktische Unterweisung erfährt.

Eine fachliche und sozialpädagogische/psychologische Begleitung wird während der gesamten Maßnahme sowohl im Haus als auch in den verschiedenen Betrieben angeboten.

Im Zeitraum der praktischen Unterweisung werden Aspekte der konkreten Ausbildungs- und Arbeitsplatzanforderungen geklärt. Der Teilnehmer findet hier die Möglichkeit, für sich ein Berufsziel auszuformulieren und sich danach festzulegen.

Das MoZArT-Modellvorhaben

Diese »Bildungs- und Qualifizierungsmaßnahme für Benachteiligte und Langzeitarbeitslose auf der Grundlage des MoZArT-Modellvorhabens zur Zusammenarbeit von Sozialamt und Arbeitsamt« verfolgt das Ziel, die Leistungen beider Hilfesysteme dergestalt zu integrieren, dass Langzeitarbeitslose in die Lage versetzt werden, über gezielte Bildungs- und Förderinstrumente einen Wiedereinstieg in den allgemeinen Arbeitsmarkt zu realisieren.

Dazu sollen sowohl fachlich-theoretische Inhalte als auch praktische Fertigkeiten vermittelt und erprobt werden, wobei das Augenmerk auf die Eignung und Leistungsfähigkeit des Einzelnen gerichtet wird. Im Anschluss daran sollte eine Tätigkeit auf dem geschützten Arbeitsmarkt die erlernten Kenntnisse festigen und die Stabilität und Einsatzfähigkeit des Maßnahmeteilnehmers sichern. Die theoretisch-praktische Wissensvermittlung erfolgt in einer Bildungsmaßnahme, auf die dann eine Tätigkeit in den Arbeitsbereichen der TSE gGmbH aufbaut. Die Dauer beider Phasen der Maßnahme beträgt neun Monate bzw. ein Jahr.

Die allgemeine Struktur der Maßnahme lässt sich in Vorstellungsgespräche im Haus, eine Bildungsmaßnahme, die aus einer Feststellungsphase (drei Monate) und einer Schwerpunktphase (neun Monate) besteht und den Einsatz in den Arbeitsbereichen (zwölf Monate) gliedern.

Die Maßnahmeteilnehmer werden über den gesamten Zeitraum hinweg psychosozial betreut. Mittels regelmäßiger Gespräche und Leistungsfeedbacks sollen die Teilnehmer die Gelegenheit bekommen, ihr Leistungsniveau festzustellen und ihre Chancen und Potenziale einzuschätzen. Bewerbungstrainings und einzelfallorientierte Beratung sollen dabei die Vermittlungschancen des Einzelnen auf dem allgemeinen Arbeitsmarkt im Anschluss an die Maßnahme verbessern helfen.

Im Vorfeld der Maßnahme erfolgen Gespräche mit jedem Bewerber, um eine Klärung von Motivation, beruflichem Werdegang, sozialem Umfeld und persönlicher Problematik zu erzielen.

Die Bildungsmaßnahme beinhaltet innerhalb der ersten drei Monate eine Feststellungsphase, deren Ziel darin besteht, Kenntnisse und Fertigkeiten der Teilnehmer auf theoretischer und praktischer Ebene zu erheben sowie Eignung, Interesse und Leistungsvermögen zu ermitteln. Dies dient der Erstellung eines Leistungsprofils als Weichenstellung für die weitere Schwerpunktsetzung. Bereits in dieser Phase werden Basiskenntnisse vermittelt und die individuelle Zielsetzung und Motivation geklärt. Zudem erfolgt eine Vermittlung und Übung von Entspannungstechniken zur späteren Anwendung im Arbeitsalltag. Der Rahmenunterricht auf theoretischer Ebene schult Kulturtechniken (z. B. Rechnen, Lesen, Schreiben), EDV-Kenntnisse, Rechts- und Sozialkunde sowie soziale Fertigkeiten und Problemlösekompetenzen (Kommunikationstraining). Gestalterische Fertigkeiten, Kreativität und Flexibilität werden in Einheiten zum kreativen Gestalten angeboten. Der Rahmenunterricht auf praktischer Ebene beinhaltet die Vermittlung von Arbeitstechniken in den Arbeitsbereichen Kantine, Büro und Werkstatt und wird im Rotationsprinzip durchlaufen. Hier werden Neigungen, Fertigkeiten und Lernfähigkeiten im praktischen Einsatz erprobt und beobachtet. Zudem wird die Fähigkeit zur Selbsteinschätzung im direkten praktischen Umfeld gefördert.

Während der Bildungsmaßnahme findet eine Eignungsdiagnostik und Profilerstellung durch Testen bzw. Beobachten des Leistungsniveaus der Teilnehmer zu Beginn und zum Ende der Maßnahme statt. Eine Rückmeldung über theoretische und praktische Fertigkeiten, Lernfähigkeiten und Arbeitsverhalten in Form eines Leistungsprofils erfolgt für jeden Teilnehmer in Einzelgesprächen zu Beginn und Ende der Maßnahme. Das hier erarbeitete Profil dient als Empfehlung für die Spezialisierung in der Schwerpunktphase.

In der anschließenden Schwerpunktphase erfolgt abhängig von der zuvor getroffenen Entwicklungsempfehlung eine Zuweisung der Teilnehmer in die Arbeitsbereiche, in denen die Teilnehmer in der folgenden Zeit ausschließlich eingesetzt werden. Eingebettet in den allgemeinen Rahmenunterricht sollten diese Schwerpunkte gezielt genutzt werden, die Maßnahmeteilnehmer möglichst praxisnah auf ihren späteren Einsatz im Arbeitsbereich bzw. auf dem Arbeitsmarkt vorzubereiten.

Parallel erfolgt ein allgemeiner Rahmenunterricht, der die Basisfächer wie oben beschrieben vermittelt. Jedoch erfolgt hier eine spezifische Ausrichtung auf das jeweilige Schwerpunktgebiet. So wird z. B. im Fach Rechnen die Berechnung von Zuschnittmaßen für die Teilnehmer im Holzbereich vermittelt, Teilnehmer des Kantinenbereichs erhalten ein Kassentraining und Unterricht zur Planung von Bedarfsmengen. Teilnehmer des Bürobereichs erfahren Grundlagen der Statistik und Buchführung. Dieser Schwerpunktunterricht erfolgt zweimal wöchentlich für jeweils vier Stunden in bereichsspezifischen Kleingruppen.

Aufbauend auf der theoretisch-praktischen Wissensvermittlung der Bildungsmaßnahme erfolgt in der zweiten Phase des Modellvorhabens die befristete Einstellung der Maßnahmeteilnehmer in die Arbeitsbereiche der TSE gGmbH.

Ziel dieser Einstellung ist nun die Vertiefung und Stabilisierung der erlernten und geübten Kenntnisse im Arbeitsalltag. Die Maßnahmeteilnehmer haben die Aufgabe, sich in realen Bedingungen zu bewähren, ihre Fertigkeiten einzusetzen und sich mit den Anforderungen des Arbeitsmarktes auseinander zu setzen. Dabei wirkt das geschützte Arbeitsumfeld der TSE gGmbH unterstützend und fördernd.

Der Einsatz in den Arbeitsbereichen orientiert sich anhand der zuvor durchlaufenen Schwerpunktrichtungen der Bildungsmaßnahme. Dabei werden die dort begonnenen Trainings und Workshops kontinuierlich fortgesetzt.

Regelmäßige Mitarbeitergespräche mit Feedback über soziale Kompetenzverbesserungen und Arbeitsleistungen sowie Zielvereinbarungen im Hinblick auf stetige Leistungssteigerungen haben das Ziel, optimale Bedingungen für einen Wiedereinstieg auf den allgemeinen Arbeitsmarkt zu schaffen.

Zusätzlich sind Bewerbungstrainings und die Vertiefung von PC-Kenntnissen für alle Mitarbeiter obligatorisch.

2.5 Ergebnisse der Evaluationsforschung, offene Fragen

Seit den 70er-Jahren fanden im Zuge der Entwicklung einer gemeindenahen und sozialen Psychiatrie zahlreiche Projekte zur Evaluation von Einrichtungen der Arbeitsrehabilitation psychisch Kranker statt bzw. wurden existierende Einrichtungen wissenschaftlich begleitet (CIOMPI, AGUE & DAUWALDER 1977, 1978; DAUWALDER, CIOMPI, AEBI & HUBSCHMID 1984; HOLLER & WOLLNY 1999; REIMER, KUNOW & KUHNT 1990; REKER 1998; SEYFRIED, MELCOP & ROTH 1993; WOLLNY 1999a, 1999b). Prädiktiv für den Erfolg arbeitsrehabilitativer Maßnahmen erwiesen sich in einigen Studien die folgenden Variablen: Arbeitssituation zu Beginn der Maßnahme, Dauer der beruflichen Vorerfahrung, hohe Motivation, gute soziale Anpassung, gute Schulbildung, spätes Erkrankungsalter, kurze Krankheitsdauer (HOFFMANN 1999; REIMER et al. 1990; REKER 1998). Bei CIOMPI und Kollegen (1978) wurden Variablen der aktuellen beruflichen und sozialen Situation, der prämorbiden (Intelligenz, Bildung, prämorbide Anpassung), primären (aktuelle Symptomatik) und sekundären Behinderungen (Zukunftserwartungen) erhoben, deren prädiktiver Wert sich jedoch als wenig aussagekräftig erwies. Eine wichtigere Stellung nehmen demgegenüber die Arbeitsleistungen vor der Erkrankung ein (BEISER et al. 1994). COOK und RAZZANO (2000) kommen in ihrer Übersichtsarbeit zu dem Schluss, dass soziale Kompetenzen, fehlende Negativsymptomatik sowie geringe kognitive Defizite die besten Prädiktoren für eine erfolgreiche berufliche Wiedereingliederung bei schizophrenen Patienten seien. Ebenfalls starke Zusammenhänge zwischen negativen Symptomen der Schizophrenie und niedriger Arbeitsleistung fanden sich bei LYSAKER und BELL (1995) bzw. BREIER, SCHREIBER, DYER und PICKAR (1991). Negative Symptome erwiesen sich mit einer Varianzaufklärung von $R^2 = 0{,}22$ als Prädiktoren für zukünftige Arbeitsleistungen (HOFFMANN & KUPPER 1997).

Positive Symptome der Schizophrenie wurden weitestgehend als wirkungsvolle Prädiktoren sozialen Outcomes angenommen. Dieser These stehen jedoch Befunde verschiedener Studien gegenüber, in denen eine persistierende Positivsymptomatik lediglich moderate Beiträge zur Erklärung der weiteren beruflichen Entwicklung leisten konnte (MASSEL et al. 1990; PERLICK, MATTIS, STATNY & TERESI 1992; STRAUSS & CARPENTER 1974). Im Modellversuch »Psychiatrie« konnten kaum prognostische Variablen benannt werden (WOLLNY 1999a). WIEDL und SCHÖTTKE (2002) gehen davon aus, dass Maße der aktuellen Symptomatik nur geringen prädiktiven Wert zur Vorhersage des Erfolges von Rehabilitationsprogrammen psychisch kranker Menschen besitzen. Gleichermaßen kommen ANTHONY und JANSEN (1984) in einer Übersichtsarbeit zu dem Schluss, dass sowohl psychiatrische Symptome als auch die diagnostische Kategorie chronisch psychisch Kranker wenig dazu beitragen, zukünftige Arbeitsleistungen vorherzusagen. Demgegenüber hätten Persönlichkeitsvariablen, Kontrollüberzeugungen, soziale Kompetenzen und Intelligenztests prädiktiven Wert (siehe auch HOFFMANN 1999). Neuere Analysen einer multizentrischen US-amerikanischen Studie mit mehr als 1200 Teilnehmern (COOK, LEFF et al. 2005; COOK, LEHMAN et al. 2005) bestätigten solche Befunde teilweise: Funktionsniveau, Berufserfahrung der letzten fünf Jahre, aber auch das Ausmaß allgemeiner psychopathologischer Symptome und das Vorhandensein einer schizophrenen Psychose waren signifikante Prädiktoren verschiedener Erfolgsmaße.

Trotz dieser Prädiktorvariablen gelang es aber mit Varianzaufklärungen von meist unter 30% (HOFFMANN & KUPPER 2003; MUESER, SALYERS & MUESER 2001) lediglich in begrenztem Umfang, den Erfolg arbeitsrehabilitativer Maßnahmen vorherzusagen. Zudem wurden die meisten wissenschaftlichen Erkenntnisse zur Wirksamkeit beruflicher Rehabilitation bei psychisch kranken Menschen an schizophrenen Teilnehmern gewonnen (MARSHALL et al. 2001). Jedoch gehören zunehmend auch Personen mit affektiven Erkrankungen, somatoformen Störungen und schweren Persönlichkeitsstörungen zur angesprochenen Klientel, so dass fraglich ist, ob sich die vorliegenden Erkenntnisse ohne weiteres auf diagnostisch heterogene Gruppen übertragen lassen. Eine Gestaltung von Rehabilitationsmaßnahmen unter Berücksichtigung ihrer Wirksamkeit und Effizienz setzt aber voraus, dass solche differenziellen Wirkmechanismen – zumindest im Ansatz – abschätzbar sind.

Somit muss der heutige Wissensstand über die Prädiktoren einer erfolgreichen beruflichen Wiedereingliederung (insbesondere bei heterogenen Rehabilitandengruppen) als immer noch sehr begrenzt bezeichnet werden (HOFFMANN & KUPPER 2003). Aus dieser Befundlage stellt sich ein Problem mit weitreichenden Konsequenzen dar. Wirkungsvolle Prädiktoren des Rehabilitationserfolges sind in der rehabilitativen Praxis wichtig, um einem Rehabilitanden entsprechend seiner individuellen Merkmale eine Erfolg versprechende Arbeitsrehabilitation anzubieten. Dies ist während der Auswahl eines geeigneten Rehabilitationskonzeptes, der Zusammenstellung verschiedener Programmbausteine innerhalb der Rehabilitation sowie der Anpassung der Anforderungen an den individuellen Leistungsstand des Rehabilitanden notwendig. Bislang ist es nämlich nur eingeschränkt möglich, kriteriumsvalide Aussagen zur beruflichen Zukunft des Rehabilitanden zu treffen.

Zusätzlich zum Problem mangelnder Vorhersagbarkeit des Erfolges beruflicher Rehabilitation ergibt sich eine analoge Schwierigkeit auf der Seite der Kriteriumsvariablen. In der einschlägigen Forschungsliteratur wird dieses Problem dadurch deutlich, dass bisher nur wenig Übereinstimmung darüber herrscht, auf welche Art der Rehabilitationserfolg konzeptualisiert werden sollte (HOFFMANN, KUPPER, ZBINDEN & HIRSBRUNNER 2003). Folglich ist es schwer, einen Vergleich zwischen Studien anzustellen, in denen verschiedene Erfolgsmaße zum Einsatz kamen. Auch REKER (1998) geht davon aus, dass es unabdingbar ist, im Zuge der Forschung zur beruflichen Rehabilitation zu klären, wie sich der Erfolg beruflicher Rehabilitationsprogramme operationalisieren lässt bzw. worin ein solcher Rehabilitationserfolg überhaupt besteht.

Zum Problem, den Erfolg arbeitsrehabilitativer Maßnahmen im Wesentlichen durch den relativen Anteil der in Beschäftigung überführten Rehabilitanden zu operationalisieren, merkt er zudem an, dass methodische Schwierigkeiten in diesem Zusammenhang auf dem komplexen Charakter und der Vielschichtigkeit des Forschungsgegenstandes »Arbeit« beruhen. Zum einen würden Effekte und Ergebnisse arbeitsrehabilitativer Maßnahmen nicht nur durch die Art der Programme und die individuellen Eigenschaften der teilnehmenden Rehabilitanden beeinflusst, sondern hingen in starkem Maße auch von gesellschaftlichen und insbesondere arbeitsmarktpolitischen Gegebenheiten ab, wie bereits von MORGAN und CHEADLE (1975) gezeigt werden konnte. Zum anderen bestehe eine weitere grundlegende Schwierigkeit darin, dass Arbeit gleichzeitig als rehabilitative bzw. therapeutische Maßnahme, als Ziel des Rehabilitationsprozesses und als dessen Erfolgskriterium betrachtet werden kann. Methodisch formuliert, unterscheidet sich die Intervention in z. B. Arbeitstherapien oder Beschäftigung unter geschützten Bedingungen nicht grundsätzlich von dem intendierten Ergebnis (z. B. Integration in ein geschütztes Beschäftigungsverhältnis).

NORQUIST (2002) betont die Notwendigkeit, spezifische Ergebnismaße für spezifische Interventionsarten zu generieren, die es erlauben, die Qualität der Intervention abzubilden und vergleichbar zu machen. Dabei könne aber kein selten erreichtes Ereignis als Kriterium dienen, da es hierbei nicht möglich ist, eine statistisch signifikante Varianz innerhalb einer Stichprobe zu erzielen. Die sozialpsychiatrische Arbeitsrehabilitation sieht sich aktuell jedoch mit dem Dilemma konfrontiert, psychisch beeinträchtigte und psychisch behinderte Personen in eine Arbeitswelt integrieren zu wollen, die selbst nicht für alle gesunden Mitglieder der

Gesellschaft einen Arbeitsplatz anbieten kann und »deren hohe Anforderungen an Berechenbarkeit, Flexibilität, Belastbarkeit und Qualifikation den Fähigkeiten chronisch psychisch Kranker nahezu diametral gegenüber stehen« (REKER 1998) bzw. deren hoher psychologischer Stress insbesondere bei chronisch psychisch Kranken zu einer Minderung der Funktionsfähigkeit führt (ANTHONY & JANSEN 1984). Da sich unter den aktuellen arbeitsmarktpolitischen Voraussetzungen eine Integration in Arbeitsverhältnisse des ersten Arbeitsmarktes durchaus als »seltenes Ereignis« klassifizieren lässt, scheint es sinnvoll, den wissenschaftlichen Fokus verstärkt auf andere, gut operationalisierte Erfolgskriterien beruflicher Rehabilitation zu richten.

Eine erweiterte Klärung des Begriffes »Erfolg beruflicher Rehabilitation« kann nur mit Blick auf die oben eingeführten Rehabilitationsziele erfolgen. Wenn eine Wiedereingliederung auf dem ersten Arbeitsmarkt als normatives Kriterium nur bei einem kleineren Teil der Rehabilitanden erreicht wird, kann Erfolg verstärkt im Abbau sozialer Behinderung und bei verschiedenen Facetten psychischen Befindens gesehen werden. Das Ziel der Wiedereingliederung in die Gesellschaft hat gegenüber der Wiedereingliederung auf dem allgemeinen Arbeitsmarkt an Bedeutung gewonnen. Rehabilitation ist nämlich im Sinne des Normalisierungsprinzips umfassend auf verschiedene Funktions- und Lebensbereiche ausgerichtet (WELTE 1999) und darf nicht vorschnell auf das alleinige Ziel einer Rückführung auf den allgemeinen Arbeitsmarkt eingeengt werden (ENGELS 1996).

LEHMAN (1995) konstatiert in einer Übersichtsarbeit, dass der Erfolg arbeitsrehabilitativer Bemühungen mehrdimensional betrachtet werden muss. So schlüge sich originär berufsbezogener Outcome in Beschäftigungsquoten, einer Verbesserung des Beschäftigungsstatus, der wöchentlichen Arbeitszeit, dem tätigkeitsbezogenen Einkommen und in der Arbeitsleistung nieder. Darüber hinaus seien jedoch auch andere Kriterien wesentlich, so unter anderem eine psychopathologische Stabilisierung, ein steigendes Funktionsniveau und die subjektive Lebensqualität. Im Zuge der vorliegenden Arbeit sollen die Erfolgskriterien beruflicher Rehabilitation in Anlehnung an REKER (1998) folgendermaßen strukturiert werden:

- In der klassischen Rehabilitationsforschung fanden zum Großteil normative Erfolgsmaße, z. B. Wiedereingliederungs- bzw. Beschäftigungsquoten Verwendung.
- Im Sinne einer kontinuierlichen Normalisierung der Teilhabe am Leben in der Gesellschaft bzw. am Arbeitsleben werden Erfolgsmaße des relativen Fortschritts betrachtet. Hier wird die erzielte Wohn- und Arbeitsumwelt auf einem Kontinuum von umfassend betreutem bis hin zu selbstständigem Wohnen respektive keiner bzw. stark betreuter Beschäftigung bis hin zu einer regulären Arbeitstätigkeit fokussiert. Unter diesem Aspekt finden außerdem steigende Arbeitszeiten und Arbeitseinkommen Betrachtung.

- Rehabilitation strebt die Reduktion sozialer Beeinträchtigung und die Vermittlung sozialer Fertigkeiten an. Zusätzlich wird der individuell wahrgenommenen Lebensqualität vermehrt Beachtung geschenkt. In diesem Zusammenhang werden subjektive und funktionale Erfolgskriterien, wie das soziale bzw. generelle Funktionsniveau und Maße des subjektiven Wohlbefindens untersucht.
- Einen theoriegeleiteten Zugang zu Erfolgsmaßen der Rehabilitation stellt die Beurteilung von Arbeitsfähigkeiten dar, anhand derer die individuelle Eignung, einer Arbeitstätigkeit unabhängig von der vorliegenden Beschäftigung nachzugehen, eingeschätzt wird.

2.5.1 Evaluation anhand normativer Erfolgskriterien

Derzeitig konventionelle Methoden der Arbeitsrehabilitation erzielen in psychiatrischen Populationen entmutigende Wiedereingliederungsraten von 15–30 %, die sich mit zunehmendem Katamnesezeitraum weiter drastisch reduzieren (CROWTHER et al. 2003; DRAKE, MCHUGO, BECKER, ANTHONY & CLARK 1996; JAEGER & DOUGLAS 1992). Weniger als ein Drittel der Klienten in arbeitsrehabilitativen Maßnahmen konnten in den freien Arbeitsmarkt integriert werden – 11 % bei REKER (1998), ca. 20 % im Modellverbund »Psychiatrie« (WOLLNY 1999a), ca. 25 % in den RPKs (BUNDESARBEITSGEMEINSCHAFT FÜR REHABILITATION & BUNDESARBEITSGEMEINSCHAFT REHABILITATION PSYCHISCH KRANKER MENSCHEN 2000), ca. ein Drittel bei Berufstrainingszentren (BTZ) (HAUG-BENIEN 2000). Im Zuge der »Bestandsaufnahme zur Rehabilitation psychisch Kranker« wird deutlich, dass von den Menschen mit seelischen Behinderungen nur etwa jeder Vierte auf einen Arbeitsplatz des allgemeinen Arbeitsmarktes eingegliedert werden konnte bzw. einen vorhandenen Arbeitsplatz behalten konnte, während dies im Durchschnitt aller Behinderten bei jedem Dritten erreicht werden konnte. Darüber hinaus erfolgt in Deutschland häufiger eine Eingliederung in eine WfbM, bei Rehabilitanden mit psychotischen Erkrankungen dreimal, bei anderen psychischen Störungen doppelt so häufig wie im Durchschnitt aller Behinderten (AKTION PSYCHISCH KRANKE 2004). Für ca. zwei Drittel der Rehabilitanden war es lediglich möglich, Beschäftigung auf dem geschützten Arbeitsmarkt zu finden (BUNDESARBEITSGEMEINSCHAFT FÜR REHABILITATION & BUNDESARBEITSGEMEINSCHAFT REHABILITATION PSYCHISCH KRANKER MENSCHEN 2000; HAUG-BENIEN 2000; REKER 1998). Diese Befunde sind vor allem auch deshalb Besorgnis erregend, da der Arbeitsstatus psychisch Kranker auch ohne Teilnahme an einer beruflichen Rehabilitation spontanen Veränderungen unterliegt, wie von MUESER, SALYERS und MUESER (2001) für schizophrene Patienten in den USA gezeigt wurde. Hier waren nach Ersterkrankung 9,7 % der untersuchten Probanden auf dem allgemeinen Arbeitsmarkt berufstätig, ein Jahr später 23,3 %, ein weiteres Jahr 21,0 %, ohne dass zwischenzeitlich eine gezielte berufliche Rehabilitation stattgefunden hatte. 13,6 % der hier untersuchten schizophrenen Patienten gelang es also auch ohne entsprechende Intervention, beruflich (wieder) Fuß zu fassen. Das Vorliegen einer Beschäftigung auf dem ersten Arbeitsmarkt ein Jahr nach Ersterkrankung wurde durch geringe Negativsymptomatik und gute soziale Anpassung prädiziert.

2.5.2 Evaluation anhand Erfolgskriterien des relativen Fortschritts

Mit Blick auf die niedrigen Quoten erfolgreicher Integration psychisch Kranker in den kompetitiven Arbeitsmarkt stellt sich die Frage, ob die Evaluation beruflicher Rehabilitation allein anhand dieses Kriteriums erfolgen sollte. Eine erfolgreiche Integration stellt nur einen Teilaspekt der Arbeitsrehabilitation dar, für einen großen Teil der Erkrankten kommt dieses Ziel unter den aktuellen sozioökonomischen Bedingungen kaum in Betracht, birgt die Gefahr einer Überforderung und erneuten Scheiterns und wird von einigen Betroffenen selbst auch subjektiv nicht angestrebt (PFAMMATTER, HOFFMANN, KUPPER & BRENNER 2000). Für viele Patienten ist deshalb das Erreichen oder der Erhalt eines Arbeitsverhältnisses im geschützten Rahmen bereits als positives Rehabilitationsergebnis zu werten.

Bereits CIOMPI et al. (1977) definierten den Erfolg der beruflichen Rehabilitation als »einen Fortschritt auf den (…) Achsen des Wohn- und Arbeitsmilieus« (S. 15) und legten Kriterien vor, die die Entwicklung psychisch kranker Rehabilitanden entsprechend eines relativen Fortschritts im Beschäftigungsniveau und in Bezug auf ihr Wohnmilieu zu erfassen vermögen. Damit wurde zunächst anerkannt, dass der Erfolg rehabilitativer Bemühungen in unterschiedlichen Dimensionen zu sehen ist, weiterhin wurde dem Umstand Rechnung getragen, dass bei der untersuchten Klientel eine Wiedereingliederung oftmals nur partiell erreichbar ist. In pragmatischer Form erfolgte nunmehr eine Einschätzung der erzielten Stufe der beruflichen Wiedereingliederung auf einer Ordinalskala von »keine Arbeit« über »Beschäftigungs-« und »Arbeitstherapie« sowie »Arbeit in geschütztem Rahmen« bis hin zu »Arbeit auf dem allgemeinen Arbeitsmarkt«. Auf der Achse des Wohnmilieus wurde analog eine Beurteilung der benötigten Wohnform von »Leben in einer geschützten Spitalabteilung« über »Tagesklinik« und »geschützte Wohngemeinschaft« bis hin zu »selbstständigem Wohnen« vorgenommen. Hintergrund der Verwendung einer solchen Ergebnisvariablen ist die Annahme, dass Personen mit guter sozialer Integration und Eigenständigkeit des Wohnens über günstigere Ausgangsvoraussetzungen hinsichtlich beruflicher Stabilität oder Reintegration verfügen. Patienten, die während ihrer Erkrankung einen eigenen Haushalt – allein oder mit Partner – aufwiesen, sind zu weitaus höheren Anteilen auch in ein Arbeitsverhältnis integriert als Patienten, die über eine solche Wohnselbstständigkeit nicht verfügten, wie auch von REIMER et al. (1990) gezeigt werden konnte.

Diese rangskalierten Erfolgskriterien erlauben über die bloße Wiedereingliederungsquote bzw. Quote selbstständigen Wohnens hinaus differenziertere Aussagen bezüglich Verbesserung, Stagnation oder Verschlechterung der Integration der Rehabilitanden nach einer erfolgten Rehabilitation.

Bei CIOMPI und Kollegen (1978) wurden Variablen der aktuellen beruflichen und sozialen Situation, der prämorbiden (Intelligenz, Bildung, prämorbide Anpassung), primären (aktuelle Symptomatik) und sekundären Behinderungen (Zukunftserwartungen) zur Vorhersage dieses relativen Fortschritts erhoben, deren prädiktiver Wert sich jedoch als wenig aussagekräftig erwies.

DAUWALDER et al. (1984) evaluierten die Rehabilitationsbemühungen einer psychiatrischen Universitätsklinik für langzeithospitalisierte Patienten mit Schizophrenie anhand der erzielten Fortschritte und ermittelten Erfolgsquoten von 17 % bezüglich einer verbesserten Wohnumwelt bzw. von 30 % hinsichtlich einer verbesserten Arbeitsumwelt. Ohne eine Aussage im Sinne einer Varianzaufklärung zu treffen, wurden positive Zukunftserwartungen von Familien und Betreuern, gute Arbeitsleistungen und Arbeitsmotivation sowie eine geringe prämorbide Behinderung als für eine zunehmende Selbstständigkeit des Wohnens prognostisch wirksame Variablen beschrieben. Ein Vorhersagemodell aus diesen Variablen klassifizierte 83 % der Patienten hinsichtlich ihrer Wohnsituation im Folgejahr richtig. Für Fortschritte bezüglich der Eingliederung in eine Beschäftigung entlang der Arbeitsachse (CIOMPI et al. 1977) waren die Zukunftserwartungen der Familien und Betreuer, die Intelligenz des Rehabilitanden, seine soziale Einbindung und eine niedrige Ausgliederungsdauer von prognostischer Bedeutung und erlaubten die richtige Vorhersage der beruflichen Situation für 70 % der Patienten nach einer 1-Jahres-Katamnese.

In Anlehnung an die von CIOMPI et al. (1977) entwickelte »Skala zur Wohnachse« adaptierte EIKELMANN (1991) diese Rangskalierung zur Erhebung der benötigten Wohnform zu Zeitpunkten vor, während und nach einer beruflichen Rehabilitation außerhalb einer psychiatrischen Klinik. Diese Skalierung erlaubt nun eine Abbildung der relativen Entwicklung des Wohnmilieus des Rehabilitanden vom Bedarf der Versorgung in einer Wohngruppe bzw. einer betreuten Wohngemeinschaft über die Inanspruchnahme betreuten Einzelwohnens bis hin zu selbstständigem Wohnen in einer Wohngemeinschaft bzw. einer eigenen Wohnung.

Analog zu dieser Abbildung des relativen Fortschritts bezüglich des Wohnmilieus wurde auch die relative Veränderung der Beschäftigungssituation des Rehabilitanden differenzierter festgehalten (CIOMPI et al. 1977). REKER (1998) legte eine Skalierung von Beschäftigungs- bzw. Arbeitslosigkeit über Beschäftigung in einer ambulanten Arbeitstherapie oder einer weiterführenden beruflichen

Rehabilitation bzw. Arbeit in einer geschützten Umgebung bis hin zur Tätigkeit auf dem allgemeinen Arbeitsmarkt vor. Anhand dieser Skalierung lassen sich nunmehr erzielte Erfolge unterschiedlicher Rehabilitationskonzepte miteinander vergleichen.

Die Brauchbarkeit dieser Maße der relativen Entwicklung zur Erfolgsbewertung beruflicher Rehabilitationsmaßnahmen konnte anhand einer Kohorte von Teilnehmern einer RPK-Maßnahme in Osnabrück gezeigt werden (WEIG & WIEDL 1995). Ein messbarer relativer Fortschritt wurde durch die Rehabilitation in den Bereichen sozialer Status (eigenes Einkommen), Wohnsituation (selbstständiges Wohnen) und in geringerem Umfang auch in der Arbeitssituation erzielt.

2.5.3 Evaluation anhand subjektiv-funktionaler Erfolgskriterien

Rehabilitation wird weitgehend als Prozess zur Unterstützung des Übergangs von geringerer zu höherer sozialer Selbstständigkeit und Unabhängigkeit angesehen (HOFFMANN & KUPPER 1996). Wesentlich erscheint es demzufolge, die Verbesserung funktionaler Outcomevariablen anhand eines erhöhten sozialen Funktionsniveaus, einer gesteigerten subjektiven Lebensqualität (LEHMAN 1995) und einer reduzierten funktionalen Beeinträchtigung (functional impairment) (LIBERMAN, KOPELOWICZ, VENTURA & GUTKIND 2002) als Ziele arbeitsrehabilitativer Maßnahmen zu formulieren. Liegt das Hauptaugenmerk zur Beurteilung beruflicher Rehabilitation ausschließlich auf originär beruflichen Domänen, erfolgt automatisch eine Vernachlässigung weiterer wichtiger Bereiche derartiger Interventionen und eine Unterschätzung der Effektivität beruflicher Rehabilitationsprogramme.

Die Betrachtung der individuellen Lebensqualität als Outcome-Variable erlangte in der psychiatrischen Forschung der vergangenen Jahre wachsende Bedeutung (BRIEGER, ROETTIG & MARNEROS 2004), wird aber auch kritisch diskutiert, da vor allem bei Patienten mit affektiven Störungen die subjektive Lebensqualität als erheblich durch das Ausmaß depressiver Symptome determiniert angesehen wird (PUKROP 2003). Die US-amerikanische Zulassungsbehörde FDA hat in einer Denkschrift gefordert, subjektive Outcomemaße (»patient-driven outcome measures«) zukünftig verstärkt als Erfolgskriterium therapeutischer Interventionen generell in der Medizin zu etablieren, um Stagnation in der medizinischen Forschung zu überwinden (FDA 2004).

2.5.4 Evaluation anhand Arbeitsfähigkeiten als Erfolgskriterien der beruflichen Rehabilitation

Beeinträchtigungen beruflicher Leistungen gehören zu den Definitionskriterien psychischer Störungen (AMERICAN PSYCHIATRIC ASSOCIATION 1994). Als Defizit der Störungen können sie über Jahre ohne Verbesserung fortbestehen (CARONE, HARROW & WESTERMEYER 1991).

REKER (1998) führt aus, dass der Erwerb von Kompetenzen und Fähigkeiten beruflicher Eignung ein wesentliches Ziel beruflicher Rehabilitationsmaßnahmen des personenbezogenen Ansatzes darstellt und unterstreicht die Hypothese, dass Arbeitsfähigkeiten als Prädiktor der beruflichen Wiedereingliederung psychisch Kranker eine hohe Wirksamkeit aufweisen und sich somit als Erfolgskriterium beruflicher Rehabilitation nutzen lassen.

Somit rückt die aktuelle Arbeitsfähigkeit im Laufe der Forschung zur beruflichen Rehabilitation stärker in den Fokus der allgemeinen Aufmerksamkeit und nimmt heute eine wichtige Stellung im Kanon der Erfolgskriterien beruflicher Rehabilitationsmaßnahmen ein. Zu den Vorteilen dieser Variable zählt ihre Bedeutung als im Zuge der Rehabilitation (aktuell) veränderliches Maß. Ein weiterer Vorzug dieser Variable ist durch die Tatsache zu erkennen, dass sich die Arbeitsfähigkeit unabhängig von äußeren, auch arbeitsmarktpolitischen Gegebenheiten ermitteln lässt und somit ein Erfolgskriterium darstellt, das für verschiedene Rehabilitanden unter verschiedenen rehabilitativen und arbeitsmarktpolitischen Bedingungen erhoben werden kann.

Auch WEIG (2000) sieht ein wesentliches Ziel einschlägiger beruflicher Rehabilitationsmaßnahmen im Aufbau von Kompetenzen und Fähigkeiten zur Teilhabe am gesellschaftlichen Leben. GERKE et al. (2000) evaluieren in einer umfangreichen Untersuchung die Arbeit verschiedener Rehabilitationseinrichtungen vom Typ RPK und nennen als ein wichtiges Kriterium des Rehabilitationserfolges die Einschätzung der Rehabilitanden bezüglich ihrer Fähigkeit, den Anforderungen einer beruflichen Tätigkeit gewachsen zu sein.

Aus einem anderen Blickwinkel wird deutlich, dass die individuelle Fähigkeit, einer Arbeitstätigkeit nachzugehen, schon in vielen Bereichen der Evaluation rehabilitativer Maßnahmen bedeutsam ist. In vielen Instrumenten zum Erfassen von Behinderung und Beeinträchtigungen (functional impairment) stellt der Bereich »Arbeitsfähigkeit« einen wesentlichen Bestandteil dar, der zur Feststellung eines Interventionserfolges herangezogen wird (LEON et al. 1999; LIN et al. 2000; SHEEHAN, HARNETT-SHEEHAN & RAJ 1996).

Arbeitsfähigkeiten als Erfolgsmaß beruflicher Rehabilitation können mittels einer Vielzahl unterschiedlicher Untersuchungsinstrumente erfasst werden. Erhoben werden jeweils für das Einsatzgebiet relevante tätigkeitsbezogene Kompetenzen, wie z. B.:

- Grundarbeitsfähigkeiten (Pünktlichkeit, Sorgfalt, Konstanz),
- Sozialverhalten und kommunikative Aspekte der Arbeit (Umgang mit Kollegen und Anleitern/Vorgesetzten, Kontaktfähigkeit, Verhalten in der Arbeitsgruppe),
- kognitive Leistungen (Auffassung, Merk-, Denk- und Konzentrationsfähigkeit),
- Arbeitsverhalten (Einstellung, Planung, Selbstständigkeit, Geschick),
- Arbeitsqualität und -quantität.

Arbeitsfähigkeiten verändern sich im Zuge rehabilitativer Maßnahmen, wie durch BELL und BRYSON (2001) gezeigt wurde. Hier konnten ca. 80 % der Teilnehmer eines 26-wöchigen Programms zur beruflichen Rehabilitation schizophrener Patienten ihre Arbeitsleistungen während der Rehabilitation signifikant verbessern. Enge Zusammenhänge zwischen negativen Symptomen der Schizophrenie und niedriger Arbeitsleistung fanden sich bei LYSAKER und BELL (1995) bzw. BREIER, SCHREIBER, DYER und PICKAR (1991) sowie ANTHONY und Kollegen (1995).

Im Zuge einer Rehabilitation erhobene Arbeitsfähigkeiten erwiesen sich als starke Prädiktoren der künftigen Arbeitsleistung. Diese Maße nehmen somit eine Zwischenstellung zwischen Erfolgsmaß der beruflichen Rehabilitation einerseits und Prädiktor zukünftiger Leistungen andererseits ein. In einer Arbeit von HOFFMANN und Kollegen (2003) nahm die während einer beruflichen Rehabilitation erhobene generelle Arbeitsleistung die Rolle des stärksten Prädiktors beruflicher Funktionsleistungen sechs Monate nach der Rehabilitation ein. Bei BEISER et al. (1994) erwies sich die Arbeitsleistung schizophrener Patienten unmittelbar nach einer ersten Erkrankungsepisode als stärkster Prädiktor der Arbeitsleistung nach einer 18-monatigen Katamnese.

ANTHONY et al. (1995) konnten zeigen, dass Rehabilitationsteilnehmer, die nach Abschluss der Rehabilitation einer Beschäftigung nachgingen, zu allen Zeiten während der Rehabilitation auch höhere Arbeitsfähigkeiten aufwiesen. In weiteren Studien prädizierte das während der Rehabilitation eingeschätzte Arbeitsverhalten den Beschäftigungsstatus der Erkrankten sechs Monate nach der Rehabilitation (ROGERS, ANTHONY, COHEN & DAVIES 1997) sowie die Beschäftigungsdauer und das erzielte Einkommen im Anschluss an eine gemeindenahe psychosoziale Rehabilitation (BOND & FRIEDMEYER 1987).

2.6 Zusammenfassung

Im Wesentlichen fokussierte die Forschung bislang auf Fragen der »Erfolgsquoten« nach Abschluss der Maßnahme sowie auf deskriptive Fragestellungen (z. B. Einbindung in das regionale Versorgungssystem). Kontrollierte Untersuchungen des Rehabilitationserfolges fehlen dagegen in Deutschland (KALLERT, LEISSE, KULKE & KLUGE 2005). Auch muss die Erfassung des eigentlichen Rehabilitationsprozesses und die Offenlegung von Zugangswegen zur Rehabilitation, die oft uneinheitlich und wenig transparent sind, bislang als im Wesentlichen unbearbeitet angesehen werden.

3 Methodik

Die hier dargestellte Untersuchung wurde an der Klinik und Poliklinik für Psychiatrie und Psychotherapie der Martin-Luther-Universität Halle-Wittenberg in Zusammenarbeit mit der TSE gGmbH und der RPK gGmbH unter der Förderung des Forschungsverbundes Rehabilitationswissenschaften Sachsen-Anhalt/Mecklenburg-Vorpommern im Zeitraum Mai 2002 bis Juni 2005 durchgeführt. Das Projekt wurde unter dem Förderkennzeichen 01 GD 0116 durch das Bundesministerium für Bildung und Forschung (BMBF) finanziell unterstützt.

3.1 Zielsetzungen und Fragestellungen

Die Zielsetzung der Studie bestand in der Evaluation von Effekten der beruflichen Rehabilitation und Integration in zwei Einrichtungen mit gemeindenahem Konzept (RPK gGmbH und TSE gGmbH) in der Stadt Halle/Saale. Prädiktoren eines günstigen oder problematischen individuellen Verlaufes sollten extrahiert, Zugangswege zu Maßnahmen der beruflichen Rehabilitation und Integration erfasst werden. Weiterhin sollte die Entwicklung der Maßnahmeteilnehmer einer nicht rehabilitierten Vergleichsgruppe gegenübergestellt werden.

Ableitend aus diesen Zielsetzungen ließen sich folgende Haupt- und Nebenfragestellungen formulieren.

3.1.1 Hauptfragestellung

Welche Effekte haben die Maßnahmen der beruflichen Rehabilitation/Integration auf die Teilnehmer im Vergleich zu einer Vergleichsgruppe?

3.1.2 Weitere Fragestellungen

1. Wer wird rehabilitiert bzw. »integriert«? Wie sind die medizinischen, sozialrechtlichen und individuellen Zugangswege zur Rehabilitation/Integration?
2. Wie ist der individuelle Rehabilitationsverlauf während der Maßnahme? Gibt es Prädiktoren eines problematischen (oder günstigen) Verlaufes oder eines vorzeitigen Abbruches?

3.2 Studiendesign

Prinzipiell erschiene für eine Studie zum Erfolg von beruflicher Rehabilitation psychisch Kranker ein randomisiertes und plazebo- (bzw. Wartelisten) kontrolliertes Design (»RCT«) als optimal (vgl. BRIEGER & KIRSCHENBAUER 2004), auch wenn die Anwendung solcher RCT Designs in der psychiatrischen Versorgungsforschung nicht ohne Probleme ist (KALLERT 2005). Da die Rehabilitation in außerstationären Einrichtungen mit komplexer, oft auf den Einzelfall bezogener Finanzierung durchgeführt wird, war ein solches randomisiertes Design aus sozialrechtlichen Gründen schwer umsetzbar. Deshalb wurde zur Feststellung des Rehabilitationserfolges auf ein Kontroll- bzw. Vergleichsgruppen-Design zurückgegriffen.

Ergebnisse von Studien aus dem Bereich beruflicher Rehabilitation psychisch Kranker sind oft nur eingeschränkt vergleichbar, da sie in hohem Maße »von gesellschaftlichen und vor allem arbeitsmarktpolitischen Gegebenheiten« abhängen. Aus diesem Grund waren folgende methodische Standards für Forschungsprojekte im Bereich der beruflichen Rehabilitation zu berücksichtigen (REKER 1998):
- ausreichend große Stichprobe,
- genaue Beschreibung der teilnehmenden Patienten,
- genaue Beschreibung der evaluierten Maßnahme,
- mehrdimensionale operationalisierte Outcome- und Erfolgsvariablen,
- Angaben über Drop-outs und
- ausreichend langer Untersuchungszeitraum.

Zur Beantwortung der genannten Fragestellungen wurde ein Messwiederholungsdesign mit vier Messzeitpunkten an einer Indexgruppe und einer gematchten Vergleichsgruppe durchgeführt. Dabei erfolgte zunächst eine Erhebung der Prädiktoren und der Basisausprägungen der Erfolgskriterien jeweils zu Beginn der Rehabilitationsmaßnahme (T1) bzw. analog für die Vergleichsgruppe ohne Teilnahme an einer Maßnahme zur Rehabilitation/Integration. Die Veränderung der Erfolgskriterien wurde für die Indexgruppe nach einem halben Jahr Verbleib in der Rehabilitations- bzw. Integrationsmaßnahme (T2), an deren Ende (T3) und ein dreiviertel Jahr (neun Monate) nach Abschluss der Rehabilitation bzw. Integration (T4) erhoben. Für die Vergleichsstichprobe wurde analog eine Katamnesebefragung nach neun Monaten durchgeführt (T4). Eine detaillierte Übersicht und Beschreibung der eingesetzten Instrumente und Verfahren liefern die nachfolgenden Abschnitte 3.3.

Es wurde eine Totaluntersuchung aller neu aufgenommenen RPK- und TSE-Teilnehmer im Zeitraum eines Jahres angestrebt. Aufgrund früherer Erfahrungen war hierbei von einer Zahl von ca. 60 Probanden pro Einrichtung im Untersuchungszeitraum auszugehen. Ein deutlich niedrigerer Stichprobenumfang wäre aus statistischen Gründen problematisch. Die Messzeitpunkte (vgl. Tabelle 1,

S. 54) ergeben sich durch die Fragestellungen: Untersuchungen zu Beginn und Beendigung der Maßnahme sowie im 9-Monats-Verlauf sind grundlegend für die Hauptfragestellung. Daneben sollte – auch aufgrund der praktischen Erfahrungen der beiden Einrichtungen – eine Messung während des Verlaufes der Maßnahme durchgeführt werden.

3.3 Variablen und Operationalisierungen

3.3.1 Operationalisierung der abhängigen Variablen/Erfolgskriterien

Ob berufliche Rehabilitationsmaßnahmen als erfolgreich angesehen werden oder nicht, hängt ganz erheblich davon ab, was unter Erfolg verstanden wird.

In der vorliegenden Arbeit werden die Dimensionen des *normativen Rehabilitationserfolges* im Sinne einer Wiedereingliederungsquote und die des *relativen Fortschritts* zusammengefasst. Einerseits werfen gerade niedrige Wiedereingliederungsquoten methodische Probleme auf, andererseits erlaubt die Erfassung des relativen Fortschritts eine differenziertere Informationsausschöpfung. Zur Erhebung kommt eine Ordinalskala zur beruflichen Entwicklung in Anlehnung an REKER (1998) zum Einsatz. Zur Erfassung der benötigten Wohnform wird eine Ordinalskala von EIKELMANN (1991) verwendet.

Darüber hinaus erschien es wesentlich, als Ergebniskriterien auch Bedürfnisse im Sinne der »Needs« (HOFFMANN & PRIEBE 1996), subjektive Lebensqualität, das soziale Funktionsniveau und Behinderung, die subjektive Einschätzung der Rehabilitation sowie die Arbeitsfähigkeiten der Teilnehmer im Verlauf und nach der Maßnahme zu erfassen.

Die Verwendung verschiedener abhängiger Variablen steht in Einklang mit aktuellen Forschungsarbeiten zur beruflichen Rehabilitation (z.B. HOFFMANN et al. 2003) und rechtfertigt sich dadurch, dass jeweils unterschiedliche Aspekte des Erfolges beruflicher Rehabilitation erfasst werden.

Nachfolgend werden die zur Erhebung der abhängigen Variablen eingesetzten Instrumente kurz erläutert.

Angaben zur aktuellen beruflichen, sozialen und Wohnsituation
Mittels eines standardisierten Interviews wurden Informationen zur beruflichen, sozialen und Wohnsituation nach der Maßnahme erhoben.

Als Kriterium des Reintegrationserfolges zum Katamnesezeitpunkt wird auf die Erhebung des *relativen beruflichen Fortschrittes* zurückgegriffen, da dieses das Kriterium des *normativen Rehabilitationserfolges* beinhaltet und dessen separate Auswertung erübrigt. Zum Einsatz kommt eine Ordinalskala in Anlehnung an die von REKER (1998) verwendete Einteilung, der das Kriterium einer »Normalität der beruflichen Situation« zugrunde liegt.

Bei REKER (1998) werden in aufsteigender Reihenfolge vier Stufen der Integration in das Arbeitsleben von »Beschäftigungslosigkeit« über »Arbeitstherapie/berufliche Rehabilitation« und »geschützte Arbeitsverhältnisse« bis hin zu »Arbeits- oder Ausbildungsverhältnis auf dem allgemeinen Arbeitsmarkt, reguläre Schulausbildung oder Studium« unterschieden. In der vorliegenden Arbeit wird diese Skala verwendet, es erfolgt die Hinzunahme einer weiteren Kategorie, anhand derer die geringste mögliche Integration differenzierter darstellbar wird. Unterhalb des Skalenpunktes »Beschäftigungs- bzw. Arbeitslosigkeit« wird eine Stufe »dauerhafte Berufs- bzw. Erwerbsunfähigkeit (BU-/EU-Berentung)« eingeführt. Dieser Zusatz erscheint insofern sinnvoll, als dass beschäftigungslose Personen momentan zwar nicht beruflich tätig sind, jedoch potenziell dem geschützten oder allgemeinen Arbeitsmarkt zur Verfügung stehen. Berentete Personen hingegen stehen für Arbeitstätigkeiten nicht bzw. nur eingeschränkt (Zuverdienst) zur Verfügung. Die in der vorliegenden Arbeit eingesetzte Ordinalskala des nach Abschluss des Katamnesezeitraums erreichten Beschäftigungsniveaus gliedert sich nunmehr absteigend über fünf Stufen beruflicher Integration:

1. Tätigkeit oder reguläre berufliche Ausbildung auf dem allgemeinen Arbeitsmarkt bzw. Hochschulstudium,
2. sozialversicherungspflichtige Beschäftigung in einer Integrationsfirma für psychisch Kranke oder eine Berufsausbildung im geschützten Arbeitsmarkt (z. B. BBW oder BFW),
3. Wechsel in andere berufliche Rehabilitationsprogramme für psychisch Kranke (ohne spezifische Berufsausbildung),
4. Beschäftigungs- bzw. Arbeitslosigkeit,
5. dauerhafte Berufs- bzw. Arbeitsunfähigkeit (EU-/BU-Berentung).

Es wird davon ausgegangen, dass es sich bei dieser Gliederung um eine Ordinalskalierung handelt, da in absteigender Reihenfolge jeweils ein geringeres Ausmaß beruflicher Integration abgebildet und dem Umstand Rechnung getragen wird, dass gerade bei Rehabilitanden mit schweren psychischen Erkrankungen eine berufliche Wiedereingliederung oftmals nur partiell erreichbar ist. Zudem kann bei gleicher Ausgangsposition (Beschäftigungslosigkeit bei Eintritt in die Rehabilitation) der Fortschritt der beruflichen Integration für alle Studienteilnehmer anhand dieser Skala festgehalten und miteinander verglichen werden.

Die Erhebung der aktuellen Wohnsituation erfolgte nach der von EIKELMANN (1991) vorgeschlagenen Rangskalierung. Diese Skalierung erlaubt eine Abbildung der relativen Entwicklung des Wohnmilieus der Studienteilnehmer vom Bedarf der Versorgung in einer Wohngruppe bzw. einer betreuten Wohngemeinschaft über die Inanspruchnahme betreuten Einzelwohnens bis hin zu selbstständigem Wohnen in einer Wohngemeinschaft bzw. einer eigenen Wohnung. Die Erhebung der Wohnsituation erfolgte jeweils im Rahmen eines standardisierten Interviews.

BEBI: Berliner Bedürfnisinventar (HOFFMANN & PRIEBE 1996)

Dieses Instrument zur Erfassung der individuellen Bedürfnislage im Sinne der »Needs« beruht auf der Camberwell Assessment for Needs (CAN) (SLADE, PHELAN, THORNICROFT & PARKMAN 1996). In seiner deutschen Übersetzung von HOFFMANN & PRIEBE (1996) können Bedürfnisse in 15 verschiedenen Bereichen in einem halbstrukturierten Interview jeweils aus der Sicht des Klienten und der Betreuer eruiert werden. Es wird ein Summenscore über die Anzahl der Lebensbereiche gebildet, in denen subjektiv Hilfe und Unterstützung benötigt wird. Aufgrund beschäftigungsspezifischer Unterschiede zwischen Index- und Vergleichsgruppe wurde das Item 3 (Bedürfnis nach Hilfe/Unterstützung im Bereich »Beschäftigung«) zu allen Zeitpunkten von der Analyse ausgeschlossen. Die Erfassung von »Needs« ist essenziell zur Bewertung des Erfolgs sozialpsychiatrischer Interventionen. In der vorliegenden Untersuchung wurden die Teilnehmer zu Beginn der Maßnahme, nach sechs Monaten Verbleib und kurz vor Austritt aus der Maßnahme hinsichtlich ihrer Bedürfnisse exploriert. Nach weiteren neun Monaten wurde die Bedürfnislage in einer Katamneseuntersuchung erneut erfragt. Die Teilnehmer der Vergleichsstichprobe wurden bei Eintritt in die Untersuchung sowie zum Katamnesezeitpunkt neun Monate später untersucht. Die Dauer des Interviews beträgt ca. fünf bis zehn Minuten.

LoF: Level of Functioning Scale (STRAUSS & CARPENTER 1972)

Outcome schwerer psychischer Erkrankungen wird anhand dieses Instrumentes mehrdimensional entlang der Dimensionen »Symptome«, »Hospitalisierung«, »Soziale Integration« und »Arbeit/Beschäftigung« gemessen. Ein Summenscore wird aus vier jeweils fünfstufigen Items gebildet. Die Fremdeinschätzungen durch die Untersuchungsleiter erfolgten in beiden Versuchsgruppen zu jedem Untersuchungszeitpunkt.

O-AFP: Osnabrücker Arbeitsfähigkeitenprofil (WIEDL, UHLHORN & JÖNS 2004; WIEDL, UHLHORN, KOHLER & WEIG 2002)

Ein wichtiges Kriterium des Rehabilitationserfolges besteht in der Einschätzung der Rehabilitanden bezüglich ihrer Fähigkeit, den Anforderungen einer beruflichen Tätigkeit gewachsen zu sein (GERKE et al. 2000). Bei dem Osnabrücker Arbeitsfähigkeitenprofil handelt es sich um ein auf dem »Work Personality Profile« (BOLTON & ROESSLER 1986) beruhendes, reliables Instrument zur Erfassung allgemeiner Arbeitsfähigkeiten psychiatrischer Patienten. Die Rehabilitanden wurden ca. vier Wochen nach Eintritt in die Maßnahme, sechs Monate nach Eintritt und unmittelbar nach Austritt aus der Maßnahme durch vier bis fünf verantwortliche Dozenten der Rehabilitationsmaßnahme und den jeweiligen Bezugsbetreuer beurteilt. Die Rater wurden bei Implementierung des Instrumentes in die Einrichtungen durch eine Mitarbeiterin (S. Uhlhorn) der veröffentlichenden Arbeitsgruppe geschult und durch Mitarbeiter der vorliegenden Studie bei der Anwendung supervidiert. Die Einschätzung der Rehabilitanden erfolgt mit je zehn Items auf den Skalen: Lernfähigkeit, Fähigkeit zur sozialen Interaktion und Anpassung.

SOFAS: Skala zur Erfassung des sozialen und beruflichen Funktionsniveaus (American Psychiatric Association 1994)

Die SOFAS stellt eine Möglichkeit des DSM-IV zur Beurteilung des sozialen und beruflichen Funktionsniveaus dar. Im Gegensatz zur GAF (General Assessment of Functioning) wird diese nicht direkt vom Schweregrad psychischer Symptome der Person beeinflusst. Es wird die soziale und berufliche Funktionsleistung auf einem Kontinuum von ausgezeichnet bis grob beeinträchtigt eingeschätzt. Die Einschätzung fand für die Indexgruppe wiederum zu Beginn der Maßnahme, nach einem halben Jahr Verbleib, zum Austritt aus der Maßnahme und nach einem neunmonatigen Katamnesezeitraum statt, für die Teilnehmer der Vergleichsstichprobe erfolgte die Untersuchung wiederum bei Einschluss in die Untersuchung sowie zum Katamnesezeitpunkt.

WHOQOL-BREF (WHOQOL-Group 1998)

Der WHOQOL-BREF als Kurzform des WHOQOL-100 ist ein Instrument über 26 Items zur Erfassung der subjektiven Lebensqualität als wichtige Outcome-Variable. Es wurden die Dimensionen »Physisches Wohlbefinden«, »Psychisches Wohlbefinden«, »Soziale Beziehungen« und »Umwelt« als Selbsteinschätzung der Teilnehmer erfasst. Aufgrund der Kürze und der guten teststatistischen Kennwerte auch der deutschen Version war dieser Fragebogen für die vorliegende Arbeit sehr gut geeignet.

Den Studienteilnehmern der Indexgruppe wurde der Fragebogen zu Beginn der Maßnahme, nach sechs Monaten, vor Austritt aus der Maßnahme sowie neun Monate nach Austritt vorgelegt, den Vergleichsprobanden bei Einschluss in die Studie sowie zum Katamnesezeitpunkt.

VAS: Visuell-Analog-Skala

Zur konsekutiven Überwachung des Rehabilitations- bzw. Integrationsverlaufes wurde eine eigene Visuell-Analog-Skala eingesetzt, die in ökonomischer Form verschiedene Aspekte des Rehaverlaufes als Selbstrating abzubilden vermag. Anhand dieser wurden die Teilnehmer aller drei Wochen während ihres Verbleibs in der Maßnahme zu folgenden Inhalten befragt:

»Wie zufrieden waren Sie während der letzten Woche ...
  ... mit den Angeboten ihrer Einrichtung?
  ... mit der Betreuung durch die Mitarbeiter ihrer Einrichtung?
  ... mit Ihrer eigenen Entwicklung in der Rehabilitation/Integration?

... mit Ihrer Leistungsfähigkeit?
... mit Ihrem Befinden?
... (falls zutreffend) mit Ihrem Praktikum?

Die Einschätzung erfolgte auf jeweils einem visuell-analogen Kontinuum mit den Extremen »völlig unzufrieden« und »völlig zufrieden«. Dieses Kontinuum wird durch eine 100 mm lange Strecke symbolisiert, auf der der Proband durch ein Kreuz seine Antwort auf die jeweilige Frage markierte. Die Position der Markierung wurde in eine numerische Variable von 0 bis 100 übertragen. Die eingesetzte VAS wurde in einem Vorversuch der Studie entwickelt und erprobt.

3.3.2 Operationalisierung der unabhängigen Variablen/Prädiktoren

Auf der Seite der unabhängigen Variablen wurden im Rahmen eines standardisierten Interviews zunächst soziodemografische Parameter inklusive der *Schulbildung* und *beruflichen Vorerfahrung* erhoben, die sich bei ANTHONY und JANSEN (1984), MUESER et al. (2001) und REKER (1998) als Prädiktoren einer erfolgreichen beruflichen Rehabilitation erwiesen hatten. Es flossen die Dauer der Schulbildung (in Jahren), die Dauer der bisherigen beruflichen Tätigkeit in Monaten bzw. die Dauer der Arbeitslosigkeit seit Abschluss der Schule bzw. Berufsausbildung als stetige Variable in die Berechnungen ein. Zum anderen wurde die dichotome Variable »Vorliegen einer abgeschlossenen Berufsausbildung« als weiterer Prädiktor verwendet.

Als wichtiger Prädiktor in der sozialpsychiatrischen Verlaufsforschung hat sich die *prämorbide soziale Anpassung* der Rehabilitanden erwiesen (DAUWALDER et al. 1984; MARNEROS & BRIEGER 2002; MARNEROS, ROHDE, DEISTER & STEINMEYER 1990; MUESER et al. 2001). Diese Variable wurde anhand der Prämorbiden Anpassungsskala (PAS) (KRAUSS et al. 2000) operationalisiert.

Die *Intelligenz* der Rehabilitanden, die sich bei DAUWALDER et al. (1984) sowie HOFFMANN et al. (2003) zur Vorhersage des Rehabilitationserfolges als prognostisch valide erwies, wurde über zwei Subskalen zur kristallinen Intelligenz des Leistungsprüfsystems (LPS) von HORN (1983) ermittelt. Für die Indexstichprobe wurden zudem Maße zur fluiden Intelligenz über zwei weitere Subskalen sowie zur Aufmerksamkeitsleistung über eine Subskala des LPS erhoben.

Zur Erhebung der Psychopathologie erfolgte zunächst eine Diagnosestellung durch geschulte Diplompsychologen (Anja Galvao, Stefan Watzke) und einen Facharzt für Psychiatrie und Psychotherapie (Peter Brieger) unter der Verwendung folgender Instrumente und Datenquellen: *SKID I und II* (FYDRICH, RENNEBERG, SCHMITZ & WITTCHEN 1997; WITTCHEN, ZAUDIG & FYDRICH 1997), konsiliarische Untersuchungen der Klinik und Poliklinik für Psychiatrie und Psychotherapie der Martin-Luther-Universität Halle-Wittenberg sowie weitere klinische Unterlagen überweisender Einrichtungen. Weitere erkrankungsbezogene Parameter, wie z. B. die Gesamtdauer bisheriger psychiatrisch-stationärer Aufenthalte wurden im Rahmen des genannten standardisierten Interviews erfasst.

Zur Ergänzung der kategorialen Diagnostik erfolgte zudem eine Erhebung der dimensionalen Psychopathologie anhand der Positive and Negative Syndrome Scale (PANSS) (KAY, FISZBEIN & OPLER 1987; KAY, OPLER & LINDENMAYER 1988) sowie des HADS-Fragebogens (Hospital Anxiety and Depression Scale) (HERRMANN, BUSS & SNAITH 1995) zu depressiver und angstbezogener Symptomatik.

In Langzeituntersuchungen (MARNEROS & BRIEGER 2002) zeigte sich, dass Aspekte der Persönlichkeit bei chronischen psychischen Erkrankungen wichtige modifizierende Faktoren des Verlaufs sind. Über die Leistungsfähigkeit und erkrankungsbezogene Beeinträchtigung hinaus kann zudem die Motivation einer Person dazu beitragen, das Verhalten dieser Person zu verstehen (ILONEN et al. 2000). Persönlichkeitsparameter wurden in der vorliegenden Untersuchung mittels des NEO-FFI Fragebogens (BORKENAU & OSTENDORF 1994) erhoben, die Motivation der Studienteilnehmer wurde anhand des Leistungsmotivationsinventars von SCHULER und PROCHASKA (2001) ermittelt.

Im Folgenden werden die zur Erhebung der unabhängigen Variablen eingesetzten Instrumente ebenfalls kurz beschrieben.

HADS-D: Hospital Anxiety and Depression Scale (HERRMANN et al. 1995)
Mit der deutschen Version der englischen HADS (ZIGMOND & SNAITH 1983) steht ein Selbstbeurteilungsfragebogen zur Verfügung, der die Ausprägung von Angst und Depressivität bei Erwachsenen abbildet. Die Skala verfolgt das Ziel, möglichst gut zwischen beiden Symptomgruppen zu differenzieren. Sie zeichnet sich durch ihre Kürze von 14 Items aus, aus denen je eine Angst- und Depressivitäts-Subskala gebildet werden (CRAWFORD, HENRY, CROMBIE & TAYLOR 2001). Der Fragebogen ist gut auf Reliabilität und Validität untersucht (LOWE et al. 2004) und wird oft als Screeningverfahren auch im Rahmen wissenschaftlicher Untersuchungen, z. B. zur Evaluation von Behandlungseffekten eingesetzt. Den Rehabilitanden wurde der Fragebogen zu Beginn der Maßnahme, nach sechs Monaten, vor Austritt aus der Maßnahme sowie ein Dreivierteljahr nach Austritt vorgelegt, analog wurden die Probanden der Vergleichsstichprobe bei Eintritt in die Untersuchung sowie zum Katamnesezeitpunkt befragt.

LMI: Leistungsmotivationsinventar (SCHULER & PROCHASKA 2001)
Motivationale Defizite äußern sich unter anderem durch die Unfähigkeit, bedeutsame persönliche Ziele zu nennen und Pläne zu initiieren bzw. auszuführen. Das Leistungsmotivationsinventar integriert die wichtigsten Dimensionen verschiede-

ner Leistungsmotivationstheorien unter Berücksichtigung berufserfolgsrelevanter Aspekte. Dabei stellt es ein diagnostisches Verfahren zur differenzierten Messung berufsbezogener Leistungsmotivation dar, das sowohl theoretischen Ansprüchen wie auch psychometrischen Standards genügt. Leistungsmotivation stellt eine der wichtigsten Varianzquellen arbeitsbezogener Leistungen dar (SCHULER & PROCHASKA 2001). Die Items des LMI sind weitgehend berufsbezogen formuliert. In der vorliegenden Arbeit kam die Kurzfassung des Fragebogens mit 30 Items zur raschen Ermittlung eines verlässlichen Globalwertes zum Einsatz. Die Studienteilnehmer wurden zu Beginn der Maßnahme befragt.

LPS: Leistungsprüfsystem (HORN 1983)
Das Leistungsprüfsystem fußt auf den Veröffentlichungen von THURSTONE (z. B. 1946, 1948, 1960). Jeder der wichtigsten Primärfaktoren der Intelligenz wird mit zwei Untertests von je wenigstens 40 Aufgaben erfasst, um das Begabungsprofil abzusichern. In der vorliegenden Untersuchung wurde den Rehabilitanden zu Beginn der Maßnahme ein Set, bestehend aus vier Untertests des LPS (Untertest 1, 2, 4, 14), vorgelegt. Untertests 1 und 2 dienen der Erfassung des verbalen Intelligenzfaktors (kristalline Intelligenz), Test 4 zur Überprüfung der »Denkfähigkeit« (fluide Intelligenz). Untertest 14 stellt ein Maß für die Aufmerksamkeitsleistung dar. Über diese Auswahl soll in ökonomischer Weise die kristalline und die fluide Intelligenz geschätzt und ein Maß für die Konzentrationsleistung ermittelt werden. Die Testung erfolgte ca. in der dritten Rehabilitationswoche als Gruppentestung für ca. sechs bis acht Rehabilitanden. In der Vergleichsstichprobe kam bei Einschluss in die Untersuchung aus studienökonomischen Gründen lediglich die Subskala zur Erfassung der fluiden Intelligenz zum Einsatz (Untertest 4).

NEO-FFI: NEO Fünf-Faktoren-Inventar (BORKENAU & OSTENDORF 1994)
Beim NEO-FFI handelt es sich um die gut untersuchte deutsche Übersetzung des englischen Originalinstruments (COSTA & MCCRAE 1989). Das Instrument stellt den zurzeit wichtigsten und international gebräuchlichsten Persönlichkeitstest, basierend auf dem Konzept der »Big Five«, dar. Gerade die Faktoren »Neurotizismus« und »Extraversion« sind bedeutsam für die Prognose psychischer Erkrankungen (ORMEL, OLDEHINKEL & BRILMAN 2001). Die Studienteilnehmer wurden zu Beginn der Maßnahme mittels eines Selbstbeurteilungsfragebogens über 60 Items untersucht.

PAS: Prämorbide Anpassungsskala (KRAUSS et al. 2000)
Die prämorbide Anpassung hat sich in der psychiatrischen Verlaufsforschung als wichtiger prognostischer Faktor für die weitere Prognose – einschließlich der Entwicklung von Behinderung gezeigt. Bei der Prämorbiden Anpassungsskala handelt es sich um eine gut untersuchte deutsche Übersetzung des englischen

Originalinstruments (CANNON-SPOOR, POTKIN & WYATT 1982), das in der sozialpsychiatrischen Verlaufsforschung als »Goldstandard« gilt. Die Beurteilung erfolgte durch geschulte Rater als Fremdrating auf der Basis von 26 Items. Die Studienteilnehmer wurden zu Beginn der Maßnahme befragt, die Durchführungsdauer betrug ca. 10–15 Minuten.

PANSS: Positive and Negative Syndrome Scale (KAY et al. 1987)

Ein großer Teil der Klienten in Einrichtungen der beruflichen Rehabilitation leidet an chronischen psychotischen Erkrankungen. Die dimensionale Erfassung entsprechender positiver und negativer Symptome ergänzt die kategoriale Diagnostik. Daneben ergeben sich aus der Verlaufsforschung zahlreiche Hinweise darauf, dass vor allem ausgeprägte negative Symptome ein Prädiktor eines ungünstigen Verlaufes sind (MARNEROS, ANDREASEN & TSUANG 1991). Die PANSS erlaubt die gezielte Beurteilung von Positiv-, Negativ- und globalen Symptomen auf der Grundlage eines semistrukturierten Interviews und anderer Informationsquellen. Das Instrument verfügt über gute Reliabilitäts- und Validitätskennwerte (KAY et al. 1987). Eine Einschätzung der psychopathologischen Symptomatik der Teilnehmer mithilfe der PANSS erfolgte zu Beginn der Maßnahme, sechs Monate nach Beginn, kurz vor Austritt aus der Maßnahme und nach einem weiteren Dreivierteljahr, sowie für die Vergleichsstichprobe bei Eintritt in die Untersuchung sowie zum Katamnesezeitpunkt.

SKID-I und II (FYDRICH et al. 1997; WITTCHEN et al. 1997)

Zur Erfassung der kategorialen Diagnostik psychischer Störungen wurde zum ersten Erhebungszeitpunkt die deutsche Übersetzung der amerikanischen Originalinterviews (SCID-I und SCID-II) zur operationalisierten Diagnostik psychischer Störungen gemäß Achse I und Achse II des DSM-IV (AMERICAN PSYCHIATRIC ASSOCIATION 1994) eingesetzt. Das SKID-I prüft die diagnostischen Kriterien des DSM-IV durch konkrete, semistrukturierte Untersuchungsfragen. Beim SKID-II handelt es sich um ein zweistufiges Verfahren, bestehend aus einem Fragebogen und einem nachfolgend durchgeführten Interview zur Diagnostik der zehn auf Achse II sowie zweier im Anhang des DSM-IV aufgeführten Persönlichkeitsstörungen. Das Gesamtinstrument wurde bei Einschluss der Teilnehmer in die Untersuchung durchgeführt und nahm eine Untersuchungsdauer von ca. 100 Minuten in Anspruch.

Soziodemografische Angaben

Mittels eines standardisierten Interviews wurden soziobiografische Informationen, die schulische und berufliche Vorgeschichte des Rehabilitanden sowie seine Erkrankungs-, Behandlungs- und Rehabilitationsgeschichte und der Zugang zur Rehabilitation/Integration zu Beginn der Untersuchung erhoben. Des Weiteren wurden die aktuelle finanzielle Situation, die Art des Zuganges zur Maßnahme, der Kostenträger und der Behinderungsstatus erfragt. Für die Ermittlung der finanziellen Situation wurde das Einkommen der Teilnehmer (nach Abzug von Steuern und Abgaben) sowie andere regelmäßige Zuwendungen z. B. durch Angehörige, Sozialamt, Arbeitslosengeld und -hilfe ermittelt. Miete und andere Fixkosten wurden nicht vom Einkommen abgezogen. Dementsprechend flossen vom Sozialamt gezahlte Mietzuschüsse in die Position »Sozialhilfe« ein.

3.4 Untersuchungsplan

3.4.1 Datenschutz/Ethikkommission

Im Rahmen des Datenschutzes erhielten die Studienteilnehmer eine Probandeninformation, in der über die Ziele und Rahmenbedingungen der Studie aufgeklärt wurde und eine Einverständniserklärung, die bei Teilnahmebereitschaft von ihnen unterschrieben wurde. Die Einverständniserklärung enthielt eine Anonymitätserklärung, die von den wissenschaftlichen Mitarbeitern unterschrieben und den Probanden ausgehändigt wurde. Die Dateneingabe erfolgte anonymisiert, Fragebögen und schriftliche Interviewaufzeichnungen wurden gesichert und für Dritte unzugänglich aufbewahrt.

Zur ethischen und datenschutzrechtlichen Beurteilung des Projektes wurden der Projektantrag samt Instrumenten sowie Probandeninformation und Einverständniserklärung der Ethikkommission der Medizinischen Fakultät der Martin-Luther-Universität Halle/Saale vorgelegt. Die Ethikkommission sah in ihrer Beratung keine Bedenken.

3.4.2 Untersuchungsdurchführung für die Indexgruppe

Für die eingeschlossenen Teilnehmer kam folgender Untersuchungsplan zum Tragen:

1. Eingangsinformation

Ein erster Kontakt zu den potenziellen Probanden der Indexgruppe fand in der ersten Woche der Teilnahme an der Rehabilitation bzw. Integration statt. Es wurden alle Teilnehmer der Einrichtungen RPK und TSE im Einschlusszeitraum August 2002 bis Juli 2003 zu diesem Informationsgespräch einzeln eingeladen. Zugegen waren jeweils mindestens ein wissenschaftlicher Mitarbeiter des Forschungsprojektes und der verantwortliche Bezugsbetreuer. Während dieses Erstkontaktes mit dem Maßnahmeteilnehmer wurde die Untersuchung erläutert. Der Proband wurde über die Freiwilligkeit der Teilnahme und den Datenschutz unterrichtet. Eine Entlohnung oder sonstige Vergütung der Teilnahme für die Indexgruppe erfolgte nicht. Jeder Teilnehmer wurde über die Notwendigkeit eines Informationsaustausches zwischen dem zuständigem Bezugsbetreuer in der RPK bzw. TSE und den Untersuchungsleitern informiert. Bei Zustimmung des Probanden wurde die Einverständniserklärung vom Studienteilnehmer und dem Untersuchungsleiter unterzeichnet (written consent). Im Zuge dieses ersten Gespräches wurde bei erklärter Teilnahme ein Termin für die erste Untersuchung, das Eingangsinterview, mit dem Probanden vereinbart und ein Fragebogen mit der Bitte um Bearbeitung bis zum Eingangsinterview ausgegeben. Dieser Fragebogen enthielt den NEO-FFI (BORKENAU & OSTENDORF 1994), den SKID-II Fragebogen (FYDRICH et al. 1997), den LMI (SCHULER & PROCHASKA 2001), die HADS-D (HERRMANN et al. 1995) und den WHOQOL (WHOQOL-GROUP 1998) in der angegebenen Reihenfolge jeweils in der Originalversion.

2. Eingangsinterview (T1)

Dieses Interview fand in der ersten oder zweiten Woche der Rehabilitation face-to-face (Proband und wissenschaftlicher Mitarbeiter) statt. Zu Beginn des Eingangsinterviews wurde zunächst der ausgefüllte Fragebogen in Empfang genommen und auf Vollständigkeit überprüft. Anschließend erfolgte die Erhebung der soziodemografischen Daten des Teilnehmers (inkl. Alter, Geschlecht, Familienstand, schulische und berufliche Vorgeschichte, finanzielle Situation, Erkrankungs- und Behandlungsgeschichte). Nach diesem Interview erfolgte Diagnostik hinsichtlich des Vorliegens einer psychischen Störung gemäß DSM-IV mittels der beiden SKID Interviews (FYDRICH et al. 1997; WITTCHEN et al. 1997). In den Diagnoseprozess wurden dabei nach entsprechendem Einverständnis der Probanden konsiliarische Gutachten der Klinik und Poliklinik für Psychiatrie und Psychotherapie für die RPK sowie weitere klinische Unterlagen (z. B. Gutachten, Arztbriefe) einbezogen. Weiterhin wurden die Interviews zur prämorbiden Anpassung – PAS (KRAUSS et al. 2000), Psychopathologie – PANSS (KAY et al. 1987) und Bedürfnissen – BeBI (HOFFMANN & PRIEBE 1996) durchgeführt. Auf der Basis der erhobenen Daten erfolgte zum Abschluss die Einschätzung des Funktionsniveaus mittels der SOFAS-Werte (AMERICAN PSYCHIATRIC ASSOCIATION 1994) sowie der Level-of-Functioning-Scale (STRAUSS & CARPENTER 1972). Die gesamte Erstuntersuchung dauerte ca. zweieinhalb Stunden. Den Teilnehmern wurde die Möglichkeit eingeräumt, die Untersuchung durch Pausen zu unterbrechen.

3. Visuell-Analog-Skala (VAS)

Die Teilnehmer der Indexgruppe wurden während des Verbleibs in der Rehabilitation alle drei Wochen mittels der VAS hinsichtlich ihrer Zufriedenheit mit der Maßnahme untersucht.

4. Intelligenzdiagnostik (T1)

Die Durchführung der Untertests des LPS (HORN 1983) erfolgte als Gruppenuntersuchung für jeweils sechs bis acht zeitgleich in die Rehabilitation aufgenommene Studienteilnehmer. Diese Testung fand nach Abschluss der Eingangsinterviews aller Teilnehmer der jeweils aufgenommenen Rehabilitationsgruppe ca. drei Wochen nach Aufnahme in den Unterrichtsräumen der RPK bzw. TSE statt. Die Erhebung nahm ca. 25 Minuten in Anspruch.

5. Einschätzung der Arbeitsfähigkeit (T1)

Vor Beginn der Untersuchungen wurden alle Beurteiler in der Anwendung des Arbeitsfähigkeitenprofils O-AFP (WIEDL et al. 2004; WIEDL et al. 2002) durch eine der Autorinnen (S. Uhlhorn) geschult. Die erste Beurteilung der Arbeitsfähigkeiten nach dem O-AFP erfolgte vier bis fünf Wochen nach Aufnahme in die RPK bzw. TSE. Zunächst bewerteten alle mit der Betreuung und Schulung der Teilnehmer betrauten Dozenten und Betreuer jeden betroffenen Probanden einzeln auf einem O-AFP-Bewertungsbogen. Dieser wurde den wissenschaftlichen Mitarbeitern des Forschungsprojektes bis zu einem definierten Stichtag vorgelegt. Die wissenschaftlichen Mitarbeiter fassten die gesammelten Beurteilungen auf einem separaten Einschätzungsbogen zusammen. Die abschließende Bewertung der Arbeitsfähigkeiten erfolgte schließlich in einer Teamsitzung, an der alle Dozenten und Betreuer sowie die wissenschaftlichen Mitarbeiter teilnahmen. Für jeden Teilnehmer wurden in dieser Sitzung ca. zehn Minuten reserviert. Der abschließende Beurteilungsbogen wurde am Ende der Sitzung den wissenschaftlichen Mitarbeitern zur Verfügung gestellt.

6. Verlaufsuntersuchung (T2)

Ein halbes Jahr nach Beginn der Maßnahme erfolgte eine erneute Untersuchung mittels der in Tabelle 1 dargestellten Instrumente PANSS, BeBI und Level-of-Functioning-Scale sowie standardisierten Fragen zu Wohn- und finanzieller Situation und zwischenzeitlicher Hospitalisierung. Zudem erfolgte eine erneute Fragebogenerhebung der HADS-D (HERRMANN et al. 1995) und des WHOQOL (WHOQOL-GROUP 1998). Diese Erhebung nahm ca. 20 Minuten in Anspruch. Auch die Arbeitsfähigkeiten wurden mittels der oben dargestellten Methodik erneut bestimmt.

7. Untersuchungen zum Abschluss der Rehabilitationsmaßnahme (T3)

In der letzten Woche vor Austritt aus der Rehabilitationsmaßnahme wurden die Teilnehmer erneut mittels folgender in Tabelle 1 bezeichneten Instrumente untersucht. Eine weitere Fragebogenerhebung der HADS-D (HERRMANN et al. 1995) und des WHOQOL (WHOQOL-GROUP 1998) erfolgte analog. Diese Erhebung nahm wiederum ca. 20 Minuten in Anspruch. Auch eine weitere Einschätzung der

Arbeitsfähigkeiten durch das Betreuungspersonal der RPK und der TSE erfolgte zum Ende der Maßnahme des jeweiligen Teilnehmers. Die Datenerhebung zum Ende der Rehabilitation bzw. Integration erfolgte für jeden einzelnen Teilnehmer gemäß des individuellen zeitlichen Verlaufes der Maßnahme (nicht zu einem festen Zeitpunkt), da die Teilnehmer unterschiedlich lange in der Rehabilitation bzw. Integration verblieben.

8. Katamnestische Untersuchung (T4)
Neun Monate nach Abschluss der Rehabilitations- bzw. Integrationsmaßnahme wurden die Studienteilnehmer erneut kontaktiert. Die Kontaktaufnahme erfolgte zunächst telefonisch, bei mehrmaligem Nichterreichen wurde ein Anschreiben mit Bitte um Rückantwort im frankierten Rückumschlag versandt. Bei Erreichen des Teilnehmers wurde ein persönlicher Untersuchungstermin zeitnah vereinbart. Zu diesem Untersuchungstermin wurden wiederum die in Tabelle 1 dargestellten Instrumente eingesetzt. Die Befragungen fanden in der Regel in den Rehabilitationseinrichtungen statt, in Einzelfällen wurden die Teilnehmer zu Hause bzw. bei Umzug telefonisch untersucht. Da die Probanden nicht mehr von Dozenten und Ausbildern gesehen wurden, konnten auch keine Arbeitsfähigkeiten mehr erhoben werden.

3.4.3 Untersuchungsdurchführung für die Vergleichsstichprobe

Für die Bearbeitung der Hauptfragestellung ist die Untersuchung einer Vergleichsstichprobe notwendig. Auf die Bezeichnung »Kontrollgruppe« soll verzichtet werden, da dieser Begriff den Aspekt der kontrollierten Zuteilung implizieren könnte, der aber aus den genannten Gründen nicht verwirklichbar ist. Stattdessen wurde eine »Matched-Pairs-Technik« intendiert, die eine Vergleichbarkeit der gematchten Paare hinsichtlich der Variablen Alter, Geschlecht und psychiatrischer Diagnose gewährleisten sollte. Diese Vergleichsgruppe wurde aus dem Stamm der ehemaligen (teil)stationären oder aktuell ambulanten Patienten der Klinik und Poliklinik für Psychiatrie und Psychotherapie der Martin-Luther-Universität Halle-Wittenberg sowie aus der Klientel kooperierender niedergelassener Psychiater bzw. psychosozialer Einrichtungen der Stadt Halle rekrutiert. Kein Proband der Vergleichsgruppe sollte sich bei Aufnahme in die Studie in stationär oder teilstationär psychiatrischer Behandlung befinden, berentet sein oder einer geregelten Arbeitstätigkeit nachgehen. Weiterhin wurde die aktuelle oder frühere Teilnahme an einer beruflichen Rehabilitations- bzw. Integrationsmaßnahme (exkl. AB-Maßnahmen) als Ausschlusskriterium gewertet.

Die Rekrutierung geeigneter Probanden erfolgte zunächst anhand der Daten der Basisdokumentation der Klinik. In Betracht kommende Patienten wurden mit der Bitte um Teilnahme an der Studie und Rückmeldung im frankierten Rückumschlag angeschrieben. Bei erfolgter Rückmeldung fand zunächst ein telefonischer Kontakt mit dem Interessenten statt, hier wurde die Studie kurz erläutert und ein erster Untersuchungstermin vereinbart.

Weiterhin erfolgte die Rekrutierung über niedergelassene Psychiater oder Nervenärzte bzw. psychosoziale Dienste per Aushang in den Praxen bzw. Einrichtungen. Hier wurden Interessenten um Anruf gebeten. Erfolgte ein Anruf, wurde wiederum die Untersuchung erläutert und ein erster Untersuchungstermin vereinbart. Um die potenziellen Probanden der Vergleichsstichprobe zur Teilnahme an der Studie zu motivieren, wurde eine Aufwandsentschädigung in Höhe von 15 Euro pro Untersuchungstermin bereits bei der ersten Kontaktierung in Aussicht gestellt. Der Einschlusszeitraum erstreckte sich von Juli 2003 bis Juni 2004. Der Untersuchungsablauf für die Vergleichsstichprobe gestaltete sich wie folgt:

1. Eingangsinformation

Ein erster Kontakt zu den potenziellen Probanden der Vergleichsgruppe fand entweder schriftlich oder telefonisch statt. Im Falle der Rekrutierung aus dem Patientenstamm der Klinik und Poliklinik für Psychiatrie und Psychotherapie der Martin-Luther-Universität Halle-Wittenberg wurden potenziell geeignete Patienten schriftlich über die Ziele der Untersuchung informiert. Über einen beigefügten Antwortbogen konnten die Angeschriebenen ihr Interesse an der Teilnahme und eine Telefonnummer in einem frankierten Rückumschlag mitteilen. Bei Rekrutierung über einen Informationsaushang in kooperierenden Praxen und Einrichtungen wurden Interessenten gebeten, sich telefonisch bei den wissenschaftlichen Mitarbeitern des Projektes zu melden. Fand ein erster telefonischer Kontakt statt, wurde die Untersuchung ausführlicher erläutert. Zudem erfolgte die Prüfung der genannten Einschlusskriterien. Im Zuge dieses ersten Gespräches wurde bei erklärter Teilnahme ein Termin für die erste Untersuchung, das Eingangsinterview, mit dem Probanden vereinbart. Der Teilnehmer wurde über die Zusendung eines Fragebogens informiert, der bis zum Termin des Eingangsinterviews bearbeitet und vorgelegt werden sollte. Dieser Fragebogen enthielt analog zur Indexgruppe den NEO-FFI (BORKENAU & OSTENDORF 1994), den SKID-II Fragebogen (FYDRICH et al. 1997), den LMI (SCHULER & PROCHASKA 2001), die HADS-D (HERRMANN et al. 1995) und den WHOQOL (WHOQOL-GROUP 1998) in der angegebenen Reihenfolge jeweils in der Originalversion.

2. Eingangsinterview (T1)

Das Eingangsinterview der Vergleichsstichprobe fand entweder in der Klinik und Poliklinik für Psychiatrie und Psychotherapie der MLU oder in der Wohnung des Probanden statt. Zu Beginn der Eingangsuntersuchung wurde die Einverständniserklärung vom Studienteilnehmer und dem wissenschaftlichen Mitar-

Tab. 1: Darstellung des Untersuchungsablaufs

eingesetzte Untersuchungsinstrumente		Indexgruppe	Vergleichsgruppe
T1 Eingangsinformation		1. Maßnahmen-Woche	Rekrutierungs-Zeitpunkt
Fragebogen:	– NEO-FFI	1.– 2. Maßnahmen-Woche	1 – 2 Wochen nach Rekrutierung
	– SKID-II		
	– LMI		
	– HADS-D		
	– WHOQOL		
Eingangsinterview:	– Soziodemografie	1.– 2. Maßnahmen-Woche	1 – 2 Wochen nach Rekrutierung
	– SKID		
	– PAS		
	– PANSS		
	– BeBI		
	– SOFAS		
	– LoF		
Intelligenzdiagnostik:	– LPS	3. Maßnahmen-Woche	1 – 2 Wochen nach Rekrutierung
Visuell-Analog-Skala		fortlaufend alle 3 Wochen bis zum Ende der Maßnahme	keine Erhebung
Arbeitsfähigkeitenprofil:	– O-AFP	4.– 5. Maßnahmen-Woche	keine Erhebung
T2 Fragebogen:	– HADS-D	26. Maßnahmen-Woche	keine Erhebung
	– WHOQOL		
Verlaufsinterview:	– PANSS		
	– BeBI		
	– SOFAS		
	– LoF		
Arbeitsfähigkeitenprofil:	– O-AFP	26. Maßnahmen-Woche	keine Erhebung
T3 Fragebogen:	– HADS-D	letzte Woche vor Maßnahmenaustritt	keine Erhebung
	– WHOQOL		
Abschlussinterview:	– PANSS		
	– BeBI		
	– SOFAS		
	– LoF		
Arbeitsfähigkeitenprofil:	– O-AFP	letzte Woche vor Maßnahmenaustritt	keine Erhebung
T4 Fragebogen:	– HADS-D	9 Monate nach Maßnahmenaustritt	9 Monate nach Erstuntersuchung
	– WHOQOL		
Katamneseinterview:	– Arbeit, Wohnen, Finanzen		
	– PANSS		
	– BeBI		
	– SOFAS		
	– LoF		

beiter unterzeichnet. Die Durchführung der Untersuchung erfolgte analog zur Indexgruppe mit Erhebung der soziodemographischen Daten, Psychodiagnostik entsprechend SKID (WITTCHEN et al. 1997), Interviews zu PAS (KRAUSS et al. 2000), PANSS (KAY et al. 1987) und BeBI (HOFFMANN & PRIEBE 1996) sowie Einschätzung der SOFAS-Werte (AMERICAN PSYCHIATRIC ASSOCIATION 1994) und der Level-of-Functioning-Scale (STRAUSS & CARPENTER 1972). Abschließend erfolgte die Durchführung des Untertests 4 des LPS (HORN 1983).

3. Katamnestische Folgeuntersuchung (analog T4 Indexgruppe)
Neun Monate nach Erstuntersuchung wurden die Probanden der Vergleichsgruppe erneut kontaktiert. Zu diesem Untersuchungstermin erfolgte eine weitere Fragebogenerhebung der HADS-D (HERRMANN et al. 1995) und des WHOQOL (WHOQOL-GROUP 1998) sowie die Durchführung der Interviews zu PANSS (KAY et al. 1987), BeBI (HOFFMANN & PRIEBE 1996) und Level-of-Functioning-Scale (STRAUSS & CARPENTER 1972). Zusätzlich wurden Informationen zur derzeitigen Wohn-, Arbeits- und finanziellen Situation erhoben. Diese Fragen beinhalten auch eine Einschätzung der beruflichen Entwicklung entsprechend einer relativen Veränderung (REKER 1998). Veränderungen der Wohnsituation wurden nach der von EIKELMANN (1991) vorgeschlagenen Rangskalierung bewertet. Wiederum erfolgte eine Aufwandsentschädigung in Höhe von 15 Euro zzgl. evtl. anfallender Fahrtkosten.

3.5 Bezug des Designs zu den dargestellten Fragestellungen und statistische Auswertung

Die Hauptfragestellung nach Effekten der beruflichen Rehabilitation hinsichtlich der untersuchten Evaluationsparameter wurde mittels gruppenvergleichender sowie verlaufscharakterisierender Verfahren ausgewertet. Als statistisches Programm wurde SPSS Version 12.0 angewandt.
Im Einzelnen kamen folgende Verfahren zum Einsatz:
- Zur Überprüfung der Entwicklung von Arbeitsfähigkeiten wurden gemischte lineare Modelle eingesetzt, die über eine signifikante Veränderung der Skalenwerte des O-AFP im Laufe der Rehabilitation Auskunft geben können.
- Desgleichen wurde die Zufriedenheit mit der Rehabilitationsmaßnahme anhand der VAS mittels gemischter linearer Modelle ausgewertet.
- Für Daten, die sowohl für die Index- als auch für die Vergleichsstichprobe vorliegen, wurden ebenfalls gemischte lineare Modelle eingesetzt. Hier wurde neben dem Faktor der wiederholten Messung ein Gruppenfaktor (Indexgruppe vs. Vergleichsgruppe) sowie die Interaktion von Messwiederholung x Gruppenfaktor in die Analyse aufgenommen. Nach diesem Schema wurden das

Funktionsniveau der Probanden (LoF und SOFAS), der Bedürfnisstatus (BeBI) sowie die Lebensqualität (WHOQOL-BREF) ausgewertet.
- Der Vergleich des Wiedereingliederungserfolges der Studienteilnehmer zum Katamnesezeitpunkt anhand der eingeführten Ordinalskala wurde mittels des Mann-Whitney-U-Tests ausgewertet.
- Für Variablen zu Wohn- und finanzieller Situation sowie zwischenzeitlicher Hospitalisierung wurden weitere gruppenvergleichende Statistiken (χ^2, t-Test, Mann-Whitney-U) berechnet.

Um entsprechend der ersten Nebenfragestellung klären zu können, welche Personen einer beruflichen Rehabilitation zugewiesen werden und welchen Personen ein solcher Zugang bislang verwehrt blieb, wurden Index- und Vergleichsgruppe hinsichtlich ihrer bei Studieneinschluss erhobenen Parameter mittels Gruppenvergleichen untersucht.

Zur Beantwortung der zweiten Nebenfragestellung hinsichtlich des individuellen Rehabilitationsverlaufs wurden die unter Fragestellung 1 berechneten Verlaufscharakteristika herangezogen. Zudem erfolgte eine regressionsanalytische Auswertung zur Identifikation valider Einflussgrößen für die Ausprägung der untersuchten Erfolgsparameter bei Eintritt in die Rehabilitation, deren Entwicklung im Laufe der Rehabilitation, der Ausprägung zum Rehabilitationsende, der Entwicklung im Katamnesezeitraum sowie ihrer Ausprägung zum Katamnesezeitpunkt.

Folglich wurden zunächst Regressionsmodelle zur Vorhersage der Baseline-Ausprägungen (Ausprägungen zu T1) der folgenden Kriteriumsvariablen berechnet:

Arbeitsfähigkeiten:
 – O-AFP-Subskala »Lernfähigkeit«
 – O-AFP-Subskala »Fähigkeit zur sozialen Kommunikation«
 – O-AFP-Subskala »Anpassung«

Funktionaler Rehabilitationserfolg
 – SOFAS
 – Level of Functioning Scale

Subjektiver Rehabilitationserfolg
 – WHOQOL-BREF Subskala »Physisches Wohlbefinden"
 – WHOQOL-BREF Subskala »Psychisches Wohlbefinden"
 – WHOQOL-BREF Subskala »Soziale Lebensqualität"
 – WHOQOL-BREF Subskala »Umwelt"
 – BeBI Summenscore

Darüber hinaus erfolgte die regressionsanalytische Vorhersage der baseline-adjustierten Ergebniskriterien bei Austritt aus der Rehabilitation (T3). Zu diesem Zweck erfolgte zunächst die Vorhersage der Ergebniskriterien zu T3 durch die jeweiligen Baseline-Ausprägungen der Variablen zu T1. Als baseline-adjustierte

Erfolgskriterien wurden dann die aus dieser Vorhersage resultierenden standardisierten Regressionsresiduen verwendet – z. B. die Residuen der Vorhersage O-AFP-Skalenwerte zu T3 durch die jeweiligen Skalenwerte zu T1. Diese baseline-adjustierten Werte können als die um die Grundausprägung der Variable bereinigte Ausprägung zum Ende der Rehabilitation verstanden werden und bilden folglich die Veränderung der Messwerte zwischen den Zeitpunkten T1 und T3 ab.

Um zu klären, welche Einflusskriterien insgesamt die Ausprägung der Erfolgskriterien zum Maßnahmeaustritt prädizieren, erfolgte eine regressionsanalytische Vorhersage der unbereinigten Ergebniskriterien zu T3.

Gleichermaßen wurde die Veränderung im Katamnesezeitraum durch die Vorhersage der Regressionsresiduen der Kriterien zwischen T3 und T4 abgebildet, die jeweilige Ausprägung zum Katamnesezeitpunkt wurde durch Vorhersage der unbereinigten Kriteriumsausprägungen zu T4 dargestellt.

Durch dieses Verfahren lassen sich zum einen Aussagen über die Vorhersage der Grundausprägung der Kriteriumsvariablen, deren Ausprägung zum Austritt aus der Rehabilitation und zum Katamnesezeitpunkt sowie deren Veränderungen im Beobachtungszeitraum treffen.

Für diese intervallskalierten Ergebnisvariablen kamen jeweils schrittweise lineare Regressionsanalysen zum Einsatz (p(in)=0,05; p(out)=0,10). Dabei wurde jeweils das Modell mit der höchsten kumulierten Varianzaufklärung (korrigiertes R^2) angegeben. Es kommen folgende Prädiktorvariablen zum Einsatz:

Soziodemografische Variablen:
  – Alter, Geschlecht

Prämorbides Leistungsniveau:
  – Prämorbide Anpassungsskala (Summenscore)

Schulische und berufliche Vorgeschichte:
  – Schulausbildung (Jahre), abgeschlossene Berufsausbildung (0/1), Gesamtdauer bisheriger Berufstätigkeit (Monate), Gesamtdauer bisheriger Arbeitslosigkeit (Monate)

Persönlichkeitsparameter:
  – NEO-FFI »Neurotizismus«
  – NEO-FFI »Extraversion«
  – NEO-FFI »Offenheit«
  – NEO-FFI »Gewissenhaftigkeit«
  – NEO-FFI »Verträglichkeit«
  – LMI Summenscore

Kognitive Prädiktoren:
  – LPS »Kristalline Intelligenz«
  – LPS »Fluide Intelligenz«
  – LPS »Aufmerksamkeit«

Erkrankungsbezogene Variablen:
- Diagnose F2 (Schizophrenie oder andere psychotische Störungen) (0/1)
- Diagnose F3 (affektive Störungen) (0/1)
- andere Diagnose (0/1)
- PANSS »positive Symptome«
- PANSS »negative Symptome«
- PANSS »allgemeine Symptome«
- HADS-D Summenscore

Aufgrund hoher Interkorrelationen (bei insgesamt eher geringer Varianz) zwischen den beiden Subskalen der HADS-D in Höhe von $r = 0{,}40$ bis $r = 0{,}74$ (HERRMANN et al. 1995) wurde für die regressionsanalytische Auswertung zur Vermeidung von Kollinearitäten lediglich auf den Summenscore aus beiden Subskalen zurückgegriffen.

Um eventuelle Symptomfluktuationen in den regressionsanalytischen Berechnungen berücksichtigen zu können, wurden für die Vorhersagemodelle der Messzeitpunkte T3 und T4 sowie der jeweiligen Veränderungen baseline-adjustierte (um das Ausmaß der Erstausprägung durch lineare Regression bereinigte) Prädiktorwerte für die Subskalen der PANSS sowie für den Summenscore des HADS-D in die Berechnungen aufgenommen.

Zur Vorhersage des erzielten Wiedereingliederungsniveaus wurde zur besseren Interpretierbarkeit der Befunde auf eine multinomial logistische Regression zu Gunsten eines binär logistischen Regressionsmodells verzichtet. Als Ergebniskriterium wurde eine erfolgte Integration in ein Beschäftigungsverhältnis des geschützten oder allgemeinen Arbeitsmarktes inklusive der Vermittlung in eine weitere berufliche Rehabilitationsmaßnahme als dummycodierte Variable verwendet. Es flossen die genannten Prädiktoren ein, zusätzlich wurden die zum Austritt aus der Rehabilitation (T3) ermittelten Arbeitsfähigkeiten als potenzielle Prädiktoren in die Berechnung eingeschlossen. Es kam wiederum eine schrittweise Modellrechnung zum Einsatz.

3.6 Störeinflüsse und Maßnahmen zur Kontrolle

Die vorliegende Untersuchung ließ aufgrund der nicht kontrollierbaren Zuweisung/Nichtzuweisung von Personen zu den untersuchten Einrichtungen kein Randomisierungsdesign hinsichtlich der Gruppenzugehörigkeit zur Versuchs- oder Vergleichsgruppe zu. Hierbei war es vor allem nicht möglich, systematische Einflüsse auf die Bewilligung einer rehabilitativen bzw. integrativen Maßnahme aufgrund bestimmter individueller oder situativer Voraussetzungen auszuschalten oder zu kontrollieren.

Des Weiteren lag durch die Mitwirkung mehrerer Untersucher die Gefahr eines Untersuchereinflusses nahe. Um diesen möglichst gering zu halten, wurden verschiedene Strategien angewendet. Beide Untersucher erhielten identische Schulungen bezüglich der Durchführung psychiatrischer Diagnostik mittels SKID I und II (FYDRICH et al. 1997; WITTCHEN et al. 1997) und Beurteilung von Symptomen. Zur Kontrolle von Rater-Effekten wurden für n = 6 Teilnehmer zu T1 Doppelkodierungen durch die wissenschaftlichen Mitarbeiter durchgeführt, die zufrieden stellende Maße (der Intraklassenkorrelationen) aufwiesen. Für die Subskala »Positive Symptome« der PANSS ergab sich eine Reliabilität von $r_{ICC} = 0,79$, für die Subskala »Negative Symptome« belief sich der Koeffizient auf $r_{ICC} = 0,99$, für die Subskala »Allgemeine Symptome« auf $r_{ICC} = 0,97$.

Um Rollenkollisionen zu vermeiden, wurde ausgeschlossen, dass die beiden wissenschaftlichen Mitarbeiter (Anja Galvao, Stefan Watzke) sich bis zum Abschluss der Katamneseuntersuchung der Indexgruppe aktiv an Therapieangeboten von RPK oder TSE beteiligten.

3.7 Stichprobengewinnung und Drop-outs

3.7.1 Indexgruppe

Im Zeitraum vom 29.07.2002 bis zum 21.07.2003 wurden 157 Teilnehmer in eine Maßnahme der RPK bzw. der TSE aufgenommen. Davon konnten n = 123 (78,3 %) in die Untersuchung eingeschlossen werden. Hierbei handelt es sich um 73 Frauen (59,3 %) und 50 Männer (40,7 %). Abbildung 2 (Seite 60) kennzeichnet den Verlauf der Untersuchung bezüglich der eingeschlossenen und jeweils untersuchten Probanden der Indexgruppe. Die Messwerte derjenigen Personen, die zu einem der Messzeitpunkte T2 oder T3 nicht untersucht werden konnten, wurden durch multiple Imputation ersetzt.

3.7.2 Vergleichsstichprobe

Der Einschlusszeitraum der Probanden der Vergleichsstichprobe erstreckte sich vom 01.07.2003 bis zum 30.06.2004. In diesem Zeitfenster wurden 318 Patienten als potenzielle Kandidaten aus den Patientendaten der früheren oder aktuell ambulanten Patienten der Klinik und Poliklinik für Psychiatrie und Psychotherapie der Martin-Luther-Universität Halle-Wittenberg identifiziert. Weitere 40 Personen meldeten sich auf Informationsaushänge bei kooperierenden niedergelassenen Psychiatern und Nervenärzten bzw. sozialen Einrichtungen der Stadt Halle. Von den 358 als potenziell geeignete Matching-Partner identifizierten Personen konnten 93 (36,0 %) Personen mit vertretbarem Aufwand (telefonischer Kontakt, Anschreiben, Anfrage beim zuständigen Meldeamt) nicht ermittelt werden, zwölf

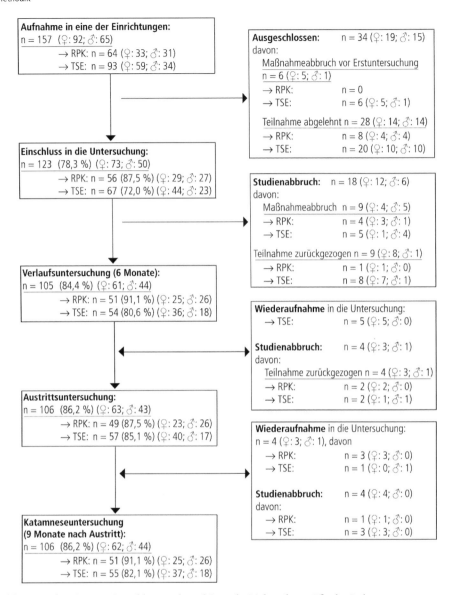

Abb. 2: Rekrutierung, Ausschluss und resultierende Stichprobengröße der Indexgruppe

Personen (4,6 %) waren überregional verzogen, eine Person (0,4 %) war verstorben. Weitere 96 Personen (37,2 %) mussten ausgeschlossen werden, da sie derzeit einer Arbeitstätigkeit bzw. einer regulären Ausbildung nachgingen. Ein Ausschluss wegen einer akuten psychiatrischen Erkrankung und/oder Hospitalisierung wurde in zehn Fällen (3,9 %) vorgenommen. Zwölf weitere Personen (4,6 %) wurden ausgeschlossen, da sie bereits an einer beruflichen Rehabilitationsmaßnahme teilgenommen hatten bzw. aktuell teilnahmen, weitere fünf Personen (1,9 %) konnten wegen einer aktuellen Erwerbsunfähigkeits- bzw. Berufsunfähigkeitsberentung nicht in die Vergleichsgruppe aufgenommen werden. Schließlich lehnten es 29 Personen (11,2 %) ab, an der Untersuchung teilzunehmen.

N = 100 (27,9 %) Personen wurden zunächst als gematchte Vergleichsprobanden in die Untersuchung eingeschlossen. Dabei wurden für 47 Probanden der RPK (83,9 %) und für 53 Probanden der TSE (79,1 %) hinsichtlich Alter (±5 Jahre), Geschlecht und psychiatrischer Diagnose geeignete Vergleichsprobanden rekrutiert. Bei n = 13 Personen wurde im Rahmen der Einschlussuntersuchung festgestellt, dass entgegen vorheriger Informationen eine Berentung aufgrund einer psychischen Erkrankung vorlag; diese Personen wurden aus der Untersuchung ausgeschlossen. Zehn weitere Personen fanden im Untersuchungszeitraum Zugang zu einer Maßnahme der beruflichen Rehabilitation und wurden ebenfalls ausgeschlossen. Schließlich waren zwei Personen zum Katamnesezeitpunkt nicht mehr ermittelbar. Damit reduziert sich die Vergleichsstichprobe auf N = 75 Personen.

Abbildung 3 kennzeichnet den Verlauf der Untersuchung bezüglich der eingeschlossenen und jeweils untersuchten Probanden der Vergleichsstichprobe.

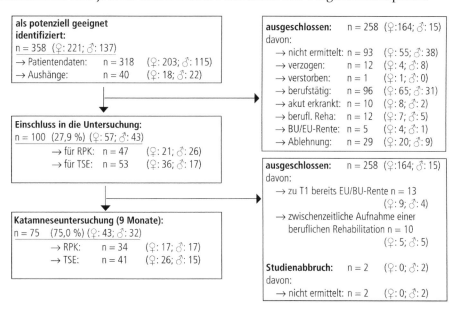

Abb. 3: Rekrutierung, Ausschluss und resultierende Stichprobengröße der Vergleichsgruppe

4 Ergebnisse

4.1 Analyse der Studienabbrecher

Im Folgenden werden für die Indexstichprobe die Teilnehmer der Studie, die bis zum Katamnesezeitpunkt untersucht werden konnten, mit den Probanden verglichen, die die Teilnahme an der Studie abbrachen. Es wurden zunächst N = 123 Teilnehmer eingeschlossen, bis zur Katamnese wurden n = 106 untersucht. Diese n = 106 Personen werden im Folgenden den n = 17 Personen gegenübergestellt, die die Studienteilnahme vorzeitig abbrachen. Beide Gruppen unterschieden sich nicht in der Geschlechterverteilung (χ^2[df = 1] = 0,235; p = 0,628). In der Gruppe der Studienabbrecher befanden sich n = 11 (64,7 %) Frauen, in der Gruppe der verbleibenden Studienteilnehmer waren Frauen mit 58,5 % (n = 62) vertreten. In Tabelle 2 werden beide Gruppen zunächst hinsichtlich Alter, symptomatischer Variablen, Funktionsniveau und Intelligenz verglichen.

Es wird deutlich, dass sich beide Teilstichproben hinsichtlich der kristallinen und fluiden Intelligenz sowie des Gesamt-IQ deutlich unterschieden.

Tabelle 3 (Seite 64) spiegelt die Verteilung der vorgefundenen psychiatrischen Leitdiagnosen in den Teilstichproben sowie entsprechende Tests auf Verteilungsunterschiede wider.

In der Gruppe der Studienabbrecher fanden sich demnach häufiger Personen mit Angst- und Zwangserkrankungen.

4.2 Stichprobenbeschreibung

Die im Folgenden dargestellten Stichprobenbeschreibungen und Datenauswertungen basieren auf den Datensätzen für N = 106 Personen der Indexstichprobe sowie N = 75 Probanden der Vergleichsstichprobe. Ursprünglich war für den Vergleich zwischen Index- und Vergleichsgruppe ein Matched-Pairs-Design vorgesehen. Aufgrund der ungleichen Stichprobengrößen musste auf dieses Vorgehen verzichtet werden.

Tab. 2: Vergleich (t-Tests) der Studienabbrecher mit der Gruppe der verbleibenden Studienteilnehmer hinsichtlich Alter, symptomatischer Variablen, Funktionsniveau und Intelligenz

Variable		Studienabbrecher (n = 17) M (SD)	Verbleibende Probanden (n = 106) M (SD)	Teststatistik t [df = 121]	p
Alter		34,82 (9,24)	33,08 (9,23)	0,725	0,470
PANSS					
	positive Symptome	1,76 (0,68)	1,73 (0,60)	0,215	0,830
	negative Symptome	1,89 (0,73)	1,66 (0,63)	1,370	0,173
	allgemeine Symptome	1,85 (0,46)	1,84 (0,46)	0,056	0,955
HADS-D Angstsummenskala		9,71 (5,46)	9,07 (4,88)	0,493	0,623
HADS-D Depressionssummenskala		8,59 (4,80)	7,42 (4,29)	1,030	0,305
SOFAS		58,35 (14,60)	60,57 (13,16)	0,634	0,527
LPS					
	Gesamt-IQ	92,45 (10,86)	100,51 (9,06)	3,311	**0,001**
	kristalline Intelligenz	92,64 (12,11)	99,14 (10,65)	2,292	**0,024**
	fluide Intelligenz	92,31 (11,54)	101,15 (9,44)	3,470	**0,001**
	Aufmerksamkeit	89,22 (17,83)	92,77 (12,74)	1,006	0,317

4.2.1 Soziodemografischer Hintergrund

Geschlecht

In der Indexstichprobe beteiligten sich mit n = 62 tendenziell mehr Frauen (58,5 %) als Männer (n = 44; 41,5 %) an der Studie (χ^2[df = 1] = 3,057; p = 0,080).

In der Vergleichsstichprobe waren trotz der nachträglichen Reduzierung der Stichprobe aufgrund der Matching-Voraussetzungen Frauen mit n = 43 (57,3 %) auch gegenüber den männlichen Studienteilnehmern (n = 32; 42,7 %) leicht überrepräsentiert. Dennoch wich die Geschlechterverteilung nicht signifikant von einer Gleichverteilung ab (χ^2[df = 1] = 1,613; p = 0,204).

Im Vergleich zur Indexgruppe ergab sich kein Häufigkeitsunterschied in der Geschlechterverteilung (χ^2[df = 1] = 0,024; p = 0,877).

Tab. 3: Häufigkeitsverteilung psychiatrischer Diagnosen in der Gruppe der Studienabbrecher und der Gruppe der verbleibenden Studienteilnehmer sowie Tests auf Häufigkeitsunterschiede (χ^2 bzw. Fisher exakt)

Diagnose	Studienabbrecher (n=17) n (%)	Verbleibende Probanden (n=106) n (%)	Teststatistik χ^2 [df=1]	p
Schizophrenie	2 (11,8%)	27 (25,5%)	*	0,356
Depressive Störungen	1 (5,9%)	26 (24,5%)	*	0,116
Bipolare affektive Störungen	0 (0,0%)	3 (2,8%)	*	>0,999
Angst- und Zwangserkrankungen	5 (29,4%)	9 (8,5%)	6,357	**0,012**
Somatoforme Störungen	0 (0,0%)	8 (7,5%)	*	0,598
Essstörungen	1 (5,9%)	2 (1,9%)	*	0,363
Persönlichkeitsstörungen	5 (5,9%)	18 (1,9%)	1,489	0,222
Substanzabusus	0 (0,0%)	3 (2,8%)	*	>0,999
Reaktion auf schwere Belastungen und Anpassungsstörungen	3 (17,6%)	10 (9,4%)	1,046	0,307

Anmerkung: * im Fall von Zellbesetzungen n<5 kamen exakte Tests nach Fisher zum Einsatz

Alter

Das Durchschnittsalter lag in der Indexstichprobe bei 33,08 Jahren (s=9,23) bei einer Spannweite von 19 bis 56 Jahren.

In der Vergleichsstichprobe lag das Durchschnittsalter bei 33,91 Jahren (s=8,94), mit einem Minimum von 19 und einem Maximum von 54 Jahren und wich nicht signifikant von dem der Indexstichprobe ab (t[df=179]=0,605; p=0,546).

Abbildung 4 kennzeichnet die Altersverteilungen in der Index- und Vergleichsstichprobe.

Mehr als die Hälfte der Teilnehmer der Indexstichprobe (n=67; 63,2%) waren bei Studieneintritt ledig, n=23 (21,7%) waren verheiratet, n=16 (15,1%) waren geschieden bzw. lebten vom Ehepartner getrennt.

In der Vergleichsstichprobe waren n=41 Personen (54,7%) ledig, 19 (25,3%) waren verheiratet und weitere 15 (20,0%) Probanden waren geschieden bzw. lebten vom Ehepartner getrennt. Auch hinsichtlich dieser Variable fand sich kein Unterschied zur Indexstichprobe (χ^2[df=3]=1,518; p=0,678).

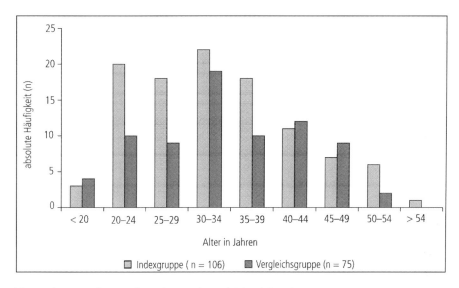

Abb. 4: Altersverteilung in der Index- und Vergleichsstichprobe

4.2.2 Bildungs- und Beschäftigungshintergrund

Schul- und Berufsausbildung

In der Indexstichprobe hatten n = 12 Teilnehmer (11,3 %) die Hochschulreife erlangt, n = 67 (63,2 %) verfügten über einen Realschul- oder entsprechenden mittleren Schulabschluss, n = 21 (19,8 %) Personen verließen die Schule mit einem Hauptschulabschluss, n = 6 (5,6 %) Teilnehmer blieben ohne Abschluss bzw. hatten eine Sonderschule für behinderte Menschen besucht. Darüber hinaus verfügten n = 82 Personen (77,4 %) über eine abgeschlossene Berufsausbildung.

In der Vergleichsstichprobe hatten 27 (36,0 %) Personen die Hochschulreife erlangt, 35 (46,7 %) Teilnehmer verfügten über einen Realschul- bzw. entsprechenden mittleren Abschluss, elf (14,7 %) verließen die Schule mit einem Hauptschulabschluss und zwei (2,6 %) blieben ohne Abschluss bzw. hatten eine Sonderschule für behinderte Menschen besucht. N = 56 (74,7 %) verfügten über eine abgeschlossene Berufsausbildung.

Index- und Vergleichsgruppe unterschieden sich nicht hinsichtlich der Häufigkeit einer abgeschlossenen Berufsausbildung ($c^2[df=1]=0{,}176$; $p=0{,}675$), allerdings fand sich ein Unterschied in der Verteilung der Schulabschlussarten mit durchschnittlich höherem Schulabschluss in der Vergleichsstichprobe ($\chi^2[df=4]=16{,}096$; $p=0{,}003$).

Beschäftigung und Arbeitslosigkeit

Die Probanden der Indexgruppe waren Zeit ihres Lebens im Mittel 85,40 Monate (Median (MD) = 67; s = 89,99), bei einer Streuung von 0 bis 432 Monaten, beruflich beschäftigt. Für die lebenszeitliche Arbeitslosigkeit ergab sich ein Durchschnitt von 55,58 Monaten (MD = 50; s = 40,52), mit einer Streuung von 0 bis 147 Monaten.

Die Teilnehmer der Vergleichsgruppe hatten bei Studieneinschluss im Mittel 97,75 Monate gearbeitet (MD = 60; s = 97,98), bei einer Streuung von 0 bis 360 Monaten. Die Probanden waren des Weiteren Zeit ihres Lebens im Durchschnitt 41,87 Monate (MD = 28; s = 41,39) arbeitslos gewesen, mindestens 0, höchstens 156 Monate.

Beide Merkmalsverteilungen wichen von einer Normalverteilung ab (Dauer der Arbeitstätigkeit: Kolmogorov-Smirnov-z = 2,234, p < 0,001; Dauer der Arbeitslosigkeit: Kolmogorov-Smirnov-z = 1,665, p = 0,008). Die Vergleichsgruppe unterschied sich von der Indexgruppe nicht signifikant in der Dauer bisheriger beruflicher Tätigkeit (Mann-Whitney-U = 3671,000; p = 0,379), wies jedoch eine vergleichsweise kürzere Dauer bisheriger Arbeitslosigkeit auf (Mann-Whitney-U = 3097,500; p = 0,011).

4.2.3 Sozioökonomischer Hintergrund und Wohnsituation

Finanzieller Hintergrund

Insgesamt standen den Studienteilnehmern der Indexgruppe im Durchschnitt 565,92 Euro (MD = 532, s = 345,48) monatlich zur Verfügung, mit einer Spannweite von 0 bis 2500 Euro. Den Teilnehmern der Vergleichsstichprobe standen im Durchschnitt monatlich 663,74 Euro zur Verfügung, mindestens 0 Euro, maximal 1641 Euro. Die Verteilung dieses Merkmals wich signifikant von einer Normalverteilung ab (Kolmogorov-Smirnov-z = 1,439, p = 0,032). In der Höhe der Gesamtsumme der Bezüge unterschieden sich die Index- und Vergleichsgruppe deutlich voneinander (Mann-Whitney-U = 2900,000; p = 0,003).

Tabelle 4 gibt einen Überblick über die Art und Häufigkeit des Bezuges verschiedener Einkommensarten der Studienteilnehmer der Index- und Vergleichsstichprobe bei Einschluss in die Untersuchung. Zudem erfolgte eine Überprüfung der Häufigkeitsunterschiede für die einzelnen Bezugsquellen mittels χ^2-Tests.

Index- und Vergleichsgruppe unterschieden sich hinsichtlich der Häufigkeit des Bezugs von Arbeitslosenhilfe, der Häufigkeit, ein eigenes Einkommen durch Nebentätigkeiten zu erwirtschaften sowie tendenziell hinsichtlich der Häufigkeit des Bezuges von Sozialhilfe und Krankengeld. Demgegenüber fand sich kein Unterschied in der Häufigkeit des Bezuges von Arbeitslosengeld, der Häufigkeit von finanzieller Unterstützung durch Angehörige sowie sonstiger Bezüge.

Tab. 4: Art und Häufigkeit des Bezuges verschiedener Einkommensquellen bei Studieneinschluss für die Index- und Vergleichsstichprobe (Mehrfachnennung möglich – alle Daten vor 1.1.2005)

	Indexgruppe (n=106) N (%)	Vergleichsgruppe (n=75) N (%)	Häufigkeitsvergleich χ^2 [df=1] (p)
Arbeitslosenhilfe	57 (53,8%)	29 (38,7%)	**4,020 (p=0,045)**
Arbeitslosengeld	19 (17,9%)	9 (12,0%)	1,176 (p=0,278)
Unterstützung durch Angehörige	15 (14,2%)	14 (18,7%)	0,666 (p=0,415)
Eigenes Einkommen	8 (7,5%)	16 (21,3%)	7,258 **(p=0,007)**
Krankengeld	3 (2,8%)	7 (9,3%)	3,559 (p=0,059)
Sozialhilfe inkl. Wohngeld	52 (59,1%)	26 (34,7%)	3,709 (p=0,054)
Unfallrente	1 (0,8%)	0 (0,0%)	–
Sonstige finanzielle Leistungen	24 (22,6%)	25 (33,3%)	2,543 (p=0,111)

Wohnsituation

In der Indexgruppe fand sich unmittelbar vor Maßnahmebeginn folgende Wohnsituation: Fünf Personen (4,7%) lebten in einer betreuten Wohneinrichtung, n=26 Teilnehmer (24,5%) hatten ein eigenes Zimmer oder einen abgeschlossenen Wohnbereich in der Wohnung der Eltern, n=75 Personen (70,7%) lebten in ihrer eigenen Wohnung bzw. im eigenen Haus oder waren Mitglied einer Wohngemeinschaft.

In der Vergleichsgruppe ergab sich folgende Verteilung. N=3 (4,0%) Probanden befanden sich in einer betreuten Wohnumgebung, n=9 (12,0%) Personen wohnten bei ihren Eltern, n=63 (84,0%) Teilnehmer hatten eine eigene Wohnung bzw. ein eigenes Haus oder waren Mitglied einer Wohngemeinschaft. Hinsichtlich der Wohnsituation unterschieden sich Index- und Vergleichsgruppe nicht signifikant voneinander (χ^2 [df=5] = 6,294; p=0,279).

4.2.4 Erkrankungshintergrund

Mittels des SKID-Interviews zu Achse I und II des DSM-IV wurden folgende Diagnosen in der Index- und Vergleichsstichprobe gestellt, dabei wurde bei Komorbidität nach klinischer Maßgabe eine primäre oder »Leitdiagnose« angegeben (siehe Tabelle 5).

Tab. 5: Häufigkeitsverteilung psychiatrischer Diagnosen in der Vergleichs- (N = 75) und Indexgruppe (N = 106) sowie Tests auf Häufigkeitsunterschiede (χ^2 bzw. Fisher exakt)

Diagnose	Indexgruppe (n = 106) n (%)	Vergleichsgruppe (n = 75) n (%)	Teststatistik χ^2 [df = 1]	p
Schizophrenie/schizoaffektive Störungen	27 (25,5 %)	12 (16,0 %)	2,331	0,127
Depressive Störungen	26 (5,9 %)	25 (24,5 %)	1,683	0,195
Bipolare affektive Störungen	3 (0,0 %)	2 (2,8 %)	0,004	> 0,999
Angst- und Zwangserkrankungen	9 (8,5 %)	15 (20,0 %)	5,059	**0,025**
Somatoforme Störungen	8 (7,5 %)	3 (4,0 %)	*	0,367
Essstörungen	2 (1,9 %)	0 (0,0 %)	*	0,512
Borderline-Persönlichkeitsstörungen	8 (7,5 %)	3 (4,0 %)	*	0,367
Persönlichkeitsstörungen (exkl. Borderline)	10 (9,4 %)	5 (6,7 %)	0,443	0,506
Substanzabusus	3 (0,0 %)	3 (2,8 %)	*	0,693
Reaktion auf schwere Belastungen und Anpassungsstörungen	10 (9,4 %)	7 (9,3 %)	0,001	0,982

Anmerkung: * im Fall von Zellbesetzungen n < 5 kamen exakte Tests nach Fisher zum Einsatz

N = 87 Personen der Indexstichprobe (82,1 %) hatten sich zum Zeitpunkt des Maßnahmebeginns schon mindestens einmal in ambulanter psychiatrisch-psychologischer Behandlung befunden bzw. befanden sich aktuell in Behandlung. In der Vergleichsstichprobe belief sich diese Quote auf n = 72 (96,9 %) (χ^2[df = 1] = 7,976; p = 0,005). In der Indexgruppe gaben n = 49 Rehabilitanden (46,2 %) an, sich bereits mindestens einmal in tagesklinischer Behandlung befunden zu haben, in der Vergleichsgruppe war das bei n = 27 (36,0 %) Teilnehmern der Fall (χ^2[df = 1] = 1,886; p = 0,170). Bei 74 Teilnehmern (60,2 %) der

Indexgruppe war es mindestens einmal in der Vergangenheit zu einem stationärpsychiatrischen Aufenthalt gekommen. Davon waren n = 51 (68,0 %) Probanden der Vergleichsgruppe betroffen (χ^2 [df = 1] = 0,851; p = 0,356).

In der Indexstichprobe waren 17 Personen (16,0 %) in Besitz eines Schwerbehindertenausweises, bei zwei weiteren Personen (1,9 %) lief zum Befragungszeitpunkt ein entsprechendes Antragsverfahren. In der Vergleichsstichprobe hatten 15 (20,0 %) Probanden einen Schwerbehindertenausweis, bei weiteren vier (5,3 %) Personen lief bei Studieneintritt ein entsprechendes Antragsverfahren. Index- und Vergleichsgruppe unterschieden sich nicht hinsichtlich des Besitzes eines Schwerbehindertenausweises bzw. eines entsprechenden Antragsverfahrens (χ^2 [df = 2] = 2,269; p = 0,322).

4.2.5 Rehabilitationsgeschichte und maßnahmebezogene Parameter

Einzugsgebiet

Die Rehabilitations- bzw. Integrationseinrichtung lag durchschnittlich 22,19 km (MD = 10, s = 32,17; Min: 0, Max: 200) vom Hauptwohnsitz der Maßnahmeteilnehmer entfernt. Für die Probanden der Vergleichsgruppe lag die durchschnittliche Entfernung des Hauptwohnsitzes zur RPK oder TSE bei 17,44 km (MD = 7, s = 24,57; Min: 1, Max: 114). Hinsichtlich der Entfernung zur Rehabilitationseinrichtung unterschieden sich die Teilnehmer der Index- und Vergleichsstichprobe nicht signifikant voneinander (t [df = 179] = 1,075; p = 0,284).

Maßnahmen zur beruflichen Rehabilitation in der Vorgeschichte

Ein Teil der Teilnehmer der Indexgruppe hatte vor der jetzigen bereits an einer oder mehreren anderen Maßnahmen zur beruflichen Integration oder Rehabilitation teilgenommen. Dies betraf insgesamt 67 Personen (63,2 %). Den größten Anteil machte dabei mit n = 46 (43,4 %) die Teilnahme an einer Trainingsmaßnahme der TSE in Halle aus. N = 4 Personen (3,8 %) waren zuvor bereits in einer Maßnahme in der RPK Halle aufgenommen worden. Ein Rehabilitations- bzw. Integrationsangebot gewerblicher und gemeinnütziger Bildungsträger nahmen n = 18 (17,0 %) wahr. Fünf (4,7 %) Personen hatten zuvor eine Maßnahme in einem Berufsförderungswerk absolviert, n = 2 (1,9 %) waren zuvor schon einmal in einer Werkstatt für behinderte Menschen integriert. Aufgrund der Einschlusskriterien hatte kein Proband der Vergleichsgruppe jemals an einem derartigen Programm teilgenommen.

Zugangswege zur jetzigen Rehabilitation

Die Zugangswege zur jetzigen Rehabilitations- bzw. Integrationsmaßnahme sind für die Teilnehmer der Indexgruppe in Tabelle 6 dargestellt. Dokumentiert wurde, wer gemäß den Angaben der Rehabilitanden die Teilnahme an der aktuellen Maßnahme initiiert hatte (es geht hier also nicht um den sozialrechtlichen Leistungsträger).

Tab. 6: »Zugangswege« zur aktuellen Integration bzw. Rehabilitation für die Teilnehmer der Indexgruppe (N = 106)

	N	%
Arbeitsamt-Berufsberatung	29	27,4
Arbeitsamt-Rehabilitationsabteilung	24	22,6
Sozialamt	4	3,8
Rentenversicherungsträger	5	4,7
Klinik/Tagesklinik der psychiatrischen Akutversorgung	15	14,2
niedergelassener Psychiater/Neurologe/Psychologe	10	9,4
Einrichtung der medizinischen Rehabilitation	4	3,8
Einrichtung der beruflichen Rehabilitation	4	3,8
SPDI	3	2,8
Selbsthilfegruppe	4	3,8
Betreuer	2	1,9
Angehörige	2	1,9

Kostenträgerstruktur der jetzigen Rehabilitation

Gemäß der Unterlagen von RPK bzw. TSE waren die Kostenträger der aktuellen Maßnahmen die folgenden (vgl. Tabelle 7).

Tab. 7: Kostenträger der Integrations- bzw. Rehabilitationsmaßnahmen

	N	%
Sozialamt	12	11,3
Arbeitsamt Berufsberatung	36	34,0
Arbeitsamt-Rehabilitationsabteilung	37	34,9
BfA	7	6,6
LVA	7	6,6
sonstige	7	6,6

Unter den »sonstigen« Kostenträgern sind die Bundesknappschaft und das frühere Amt für Versorgung und Soziales (jetzt Teil des Landesverwaltungsamtes) zu nennen.

Zuweisungsarten zur jetzigen Rehabilitation

Die Zuweisung zur Rehabilitation in der RPK anhand der Bewilligungsbescheide durch das Arbeitsamt erfolgte unter folgenden Rechtsgrundlagen:
- »Arbeits- und Berufsförderung Behinderter« nach SGB III und IX (zehn Fälle),
- »Arbeits- und Berufsförderung Behinderter« ohne Angabe der expliziten gesetzlichen Grundlage (ein Fall),
- »Förderung der Teilhabe behinderter Menschen am Arbeitsleben« nach §§ 97 ff. SGB III bzw. § 33, 45 ff. SGB IX (vier Fälle),
- »Förderung der Teilhabe behinderter Menschen am Arbeitsleben« ohne Angabe der expliziten gesetzlichen Grundlage (20 Fälle),
- »Rehabilitation und Teilhabe am Arbeitsleben« nach § 46 (1) und § 53 SGB IX (ein Fall),
- »RPK-Berufsfindung und Arbeitserprobung« ohne Angabe der expliziten gesetzlichen Grundlage (ein Fall),
- »Eignungsabklärung« nach § 33 (4) SGB IX (ein Fall).

Die BfA und LVA wiesen unter folgenden Angaben zu:
- »Förderung der Teilhabe behinderter Menschen am Arbeitsleben« (jeweils sieben Fälle) bei der BfA ohne Angabe der expliziten gesetzlichen Grundlage, bei der LVA nach § 33 (3) SGB IX bzw. allgemein nach SGB VI und IX.

Die Bundesknappschaft wies zwei Fälle zur »Förderung der Teilhabe behinderter Menschen am Arbeitsleben« unter Bezug auf die Teile VI und IX des SGB zu, das Amt für Versorgung bezog sich in einem Fall auf das Bundesversorgungsgesetz (BVG), § 4 der Verordnung zur Kriegsopferfürsorge (KfürsV) sowie § 33 SGB IX.

In der TSE erfolgte die Bewilligung stets bezüglich der gesamten Maßnahmengruppe. So erfolgte die Bewilligung der Reintegra-Gruppen jeweils nach §§ 77–85 SGB III, lediglich bei den Personen mit Bewilligung durch Rentenversicherungsträger erfolgte die Teilnahme nach SGB VI und IX, ohne Angabe von Paragrafen. In der MoZArT-Gruppe erfolgte die Bewilligung nach §§ 81–86 SGB III.

Rehabilitationsdauer

Die Dauer der Rehabilitation war entsprechend den Bewilligungsbescheiden der Kostenträger variabel. N = 16 (15,1 %) Personen befanden sich bis neun Monate in der Rehabilitation, n = 77 (72,6 %) befanden sich neun bis zwölf Monate in der Maßnahme, über zwölf Monate waren n = 13 Personen (12,3 %) in der Rehabilitation.

4.2.6 Verteilungsparameter der eingesetzten Untersuchungsinstrumente unabhängiger Variablen/Prädiktoren

Um die Reliabilitätsmaße der zu T1 erhobenen Instrumente der unabhängigen Variablen/Prädiktoren zu bestimmen, wurden für Fragebogenmaße interne Konsistenzen (Cronbachs α) berechnet, für Rating-Instrumente wurden für n = 6 Teilnehmer Doppelkodierungen durch die wissenschaftlichen Mitarbeiter durchgeführt, anhand derer Intraklassenkorrelationen berechnet wurden. Die entsprechenden Kennwerte waren überwiegend gut bis sehr gut (vgl. Tabelle 8).

In Tabelle 8 finden sich die Verteilungsparameter der zu T1 erhobenen Instrumente der unabhängigen Variablen/Prädiktoren für die Index- und Vergleichsstichprobe sowie teststatistische Auswertungen (t-Tests) auf Unterschiede zwischen den Gruppen.

Index- und Vergleichsgruppe unterschieden sich tendenziell hinsichtlich ihrer Neurotizismuswerte, Extraversion und der fluiden Intelligenz sowie signifikant hinsichtlich ihrer prämorbiden Anpassung.

Tab. 8: Verteilungsparameter der eingesetzten Prädiktoren für die Vergleichsstichprobe (N = 75) sowie die Ergebnisse statistischer Vergleiche mit der Indexgruppe (N = 106). Angegeben sind weiterhin die Reliabilitätsmaße der Instrumente

Instrumente	Item-Anzahl	α_1 bzw. ICC_2	Vergleichsstichprobe (n = 75) M	(s)	Indexgruppe (n = 106) M	(s)	Teststatistik (Index vs. Vergleichsgruppe) t (p)
NEO-FFI (Neurotizismus)	12	0,86₁	2,52	(0,69)	2,31	(0,75)	1,904 (0,054)
NEO-FFI (Extraversion)	12	0,81₁	1,85	(0,64)	2,00	(0,61)	1,671 (0,097)
NEO-FFI (Offenheit)	12	0,64₁	2,42	(0,49)	2,32	(0,47)	1,373 (0,171)
NEO-FFI (Verträglichkeit)	12	0,62₁	2,39	(0,54)	2,46	(0,45)	0,909 (0,364)
NEO-FFI (Gewissenhaftigkeit)	12	0,77₁	2,58	(0,58)	2,53	(0,53)	0,678 (0,499)
LMI	30	0,95₁	127,21	(31,57)	120,57	(32,65)	1,368 (0,173)
PAS (Gesamtskala)	28	0,99₂	0,22	(0,12)	0,27	(0,13)	**2,877 (0,005)**
LPS Gesamt-IQ			–	–	100,51	(9,06)	–
LPS kristalline Intelligenz			–	–	99,14	(10,65)	–
LPS fluide Intelligenz			104,32	(11,60)	101,15	(9,45)	1,955 (0,053)
LPS Aufmerksamkeit			–	–	92,77	(12,74)	–

₁ = interne Konsistenz (Cronbachs α)
₂ = Interraterreliabilität (Intraklassenkorrelation) anhand n = 6 Doppelcodierungen zweier Rater

4.3 Verlaufsparameter

4.3.1 Gütekriterien der Verlaufsparameter

Tabelle 9 gibt die Reliabilitätskennwerte für die Symptomskalen und Outcomeparameter wieder.

Tab. 9: Gütekriterien der Outcome-Maße und Symptomskalen

Instrumente	Item-Anzahl	Reliabilität α_1 bzw. ICC_2
HADS-D Angstsummenskala	7	$0{,}85_1$
HADS-D Depressionssummenskala	7	$0{,}80_1$
PANSS Positive Symptome	7	$0{,}79_2$
PANSS Negative Symptome	7	$0{,}99_2$
PANSS Allgemeine Symptome	16	$0{,}97_2$
Level of Functioning	4	$0{,}81_2$
SOFAS	1	$0{,}95_2$
WHOQOL physisch	7	$0{,}77_1$
WHOQOL psychisch	6	$0{,}83_1$
WHOQOL sozial	3	$0{,}64_1$
WHOQOL Umwelt	8	$0{,}70_1$
BeBI Summenscore	15	$0{,}99_2$
O-AFP Leistung	10	$0{,}94_1$
O-AFP Kommunikation	10	$0{,}92_1$
O-AFP Anpassung	10	$0{,}88_1$

$_1$ = interne Konsistenz (Cronbachs α)
$_2$ = Interraterreliabilität (Intraklassenkorrelation)

Nachfolgend werden, jeweils getrennt für Index- und Vergleichsgruppe, sukzessive die Verläufe der Ergebniskriterien von T1 bis T4 und der Vergleich zwischen beiden Gruppen dargestellt. Da die symptomatologischen Parameter eine Zwischenstellung zwischen Prädiktor- und Ergebnisvariable einnehmen, wurden auch hier Verlaufsberechnungen durchgeführt. Für die Indexgruppe kamen gemischte Modelle unter Einbeziehung eines Messwiederholungsfaktors für die Berechnungen zum Einsatz. Da für die Vergleichsgruppe nur zwei Beobachtungszeitpunkte vorliegen (T1 und T4), wurden t-Tests für abhängige Stichproben berechnet. Für den Vergleich zwischen den beiden Gruppen wurden die symptomatologischen Variablen und Ergebniskriterien jeweils zu T1 und T4 einander gegenübergestellt. Es wurden auch Vergleiche zwischen T1 der Vergleichsgruppe und T3 der Indexgruppe (Maßnahmeaustritt) berechnet, um die Ergebniskriterien der Indexgruppe zu Beginn und nach erfolgter Rehabilitation denen einer nicht rehabilitierten Vergleichsgruppe gegenüberstellen zu können. Es kamen t-Tests für unabhängige Stichproben zum Einsatz.

4.3.2 Symptomatologische Parameter – PANSS

Der Verlauf der positiven Symptomatik (PANSS) für beide Gruppen ist in Abbildung 5 dargestellt. Die Berechnungen ergaben sowohl für die Indexgruppe (F[df1 = 3; df2 = 290,527] = 13,170; p < 0,001) als auch für die Vergleichsgruppe (t[df = 74] = 3,628; p = 0,001) einen hochsignifikanten Einfluss des Messwiederholungsfaktors. Die Indexgruppe zeigte eine hochsignifikante Reduzierung der positiven Symptomatik von T1 im Vergleich zu allen anderen Messzeitpunkten. Auch im Katamnesezeitraum war eine hochsignifikante Abnahme der positiven Symptomatik zu verzeichnen. In der Vergleichsgruppe reduzierte sich die positive Symptomatik ebenfalls hochsignifikant über den Beobachtungszeitraum.

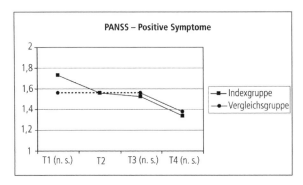

Abb. 5: Verlauf der positiven Symptomatik (PANSS) in Index- und Vergleichsgruppe (Signifikanzangaben in den Klammern beziehen sich auf die Unterschiede zwischen den Gruppen)

Zum Zeitpunkt T1 wies die Indexgruppe eine tendenziell höhere Ausprägung positiver Symptome auf (p[T1] = 0,058). Zu den Zeitpunkten T3 und T4 verschwand diese Tendenz und beide Gruppen unterschieden sich in dieser Merkmalsausprägung nicht mehr (p[T3] = 0,713; p[T4] = 0,559).

Bei der negativen Symptomatik (PANSS) war sowohl in der Indexgruppe (F[df1 = 3; df2 = 255,417] = 1,937; p = 0,124) als auch in der Vergleichsgruppe (t[df = 74] = -1,544; p = 0,127) der Einfluss des Messwiederholungsfaktors nicht signifikant. Abbildung 6 stellt den Verlauf der Variable getrennt für Index- und Vergleichsgruppe dar.

Die beiden Stichproben unterschieden sich hinsichtlich der Negativsymptomatik zu keinem Zeitpunkt signifikant voneinander (p[T1] = 0,141; p[T3] = 0,434; p[T4] = 0,850).

Bei der Allgemeinsymptomatik (PANSS) ergab sich für beide Gruppen ein signifikanter Einfluss des Messwiederholungsfaktors (Indexgruppe: F = [df1 = 3; df2 = 253,108] = 4,218; p = 0,006; Vergleichsgruppe: T = [df = 74] = 2,443;

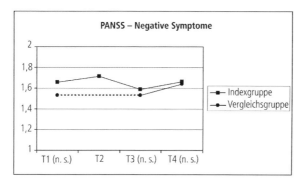

Abb. 6: Verlauf der negativen Symptomatik (PANSS) in Index- und Vergleichsgruppe (Signifikanzangaben in den Klammern beziehen sich auf die Unterschiede zwischen den Gruppen)

p = 0,017). Es kam in der Indexgruppe von T1 zu T2 zu einer hochsignifikanten Reduzierung der allgemeinen Symptomatik und auch im Gesamtbeobachtungszeitraum (T1 bis T4) war eine signifikante Abnahme der Allgemeinsymptomatik zu verzeichnen. Für die Vergleichsgruppe wurde hinsichtlich der allgemeinen Symptomatik eine signifikante Abnahme von T1 zu T4 festgestellt. Abbildung 7 kennzeichnet den Verlauf der Variable, getrennt für beide Gruppen.

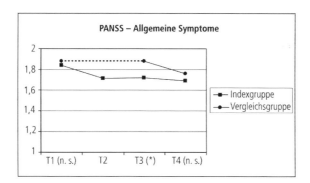

Abb. 7: Verlauf der allgemeinen Symptomatik (PANSS) in Index- und Vergleichsgruppe (Signifikanzangaben in den Klammern beziehen sich auf die Unterschiede zwischen den Gruppen)

Beide Gruppen unterscheiden sich zum Studieneintritt nicht voneinander (p[T1] = 0,589). Dagegen wies die Indexgruppe zum Zeitpunkt T3 (Maßnahmeaustritt) signifikant weniger Allgemeinsymptomatik auf als die Vergleichsgruppe (p[T3] = 0,028). Zur Katamneseuntersuchung wurden dann wiederum keine signifikanten Unterschiede zwischen beiden Stichproben festgestellt (p[T4] = 0,331), was auf die Reduzierung der Allgemeinsymptomatik in der Vergleichsgruppe zurückzuführen ist.

4.3.3 Symptomatologische Parameter – HADS-D

In Abbildung 8 ist der Verlauf für die Zeitpunkte T1 bis T4 der HADS-D Angstsummenskala für beide Gruppen dargestellt. Der Einfluss des Messwiederholungsfaktors erwies sich sowohl in der Indexgruppe (F = [df1 = 3; df2 = 230,819] = 2,972; p = 0,033) als auch in der Vergleichsgruppe (T = [df = 74] = 3,172; p = 0,002) als signifikant. Für die Indexgruppe zeigte sich eine signifikante Abnahme der Angstsymptomatik zwischen den Zeitpunkten T2 und T3. Im Katamnesezeitraum blieb dieses reduzierte Niveau erhalten. In der Vergleichsgruppe ergab die Berechnung eine signifikante Reduzierung der Symptomatik im Beobachtungszeitraum.

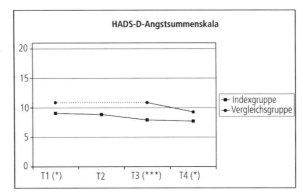

Abb. 8: Verlauf der HADS-D Angstsummenskala in Index- und Vergleichsgruppe (Signifikanzangaben in den Klammern beziehen sich auf die Unterschiede zwischen den Gruppen)

Die Stichproben unterschieden sich bereits zum Zeitpunkt T1 signifikant hinsichtlich der Ausprägung ihrer Angstsymptomatik (p[T1] = 0,013); die Indexgruppe berichtete weniger Symptome. Dieser Unterschied zwischen den Gruppen blieb im Verlauf der Untersuchung im Wesentlichen bestehen, es zeigte sich zu allen Zeitpunkten ein signifikanter Unterschied (p[T3] < 0,001; p[T4] = 0,026).

Abbildung 9 zeigt den Verlauf für die Zeitpunkte T1 bis T4 der HADS-D Depressionssummenskala für beide Gruppen. Der Einfluss des Messwiederholungsfaktors erwies sich in der Indexgruppe (F = [df1 = 3; df2 = 250,276] = 2,535; p = 0,057) als tendenziell signifikant und in der Vergleichsgruppe (T = [df = 74] = 2,349; p = 0,021) als signifikant. Für die Indexgruppe zeigte sich eine signifikante Abnahme der Depressionssymptomatik zwischen den Zeitpunkten T2 und T3. Im Katamnesezeitraum veränderte sich dieses Niveau nicht weiter. In der Vergleichsgruppe ergab die Berechnung eine signifikante Reduzierung der Symptomatik im Beobachtungszeitraum.

Die Stichproben unterschieden sich bereits zum Zeitpunkt T1 hochsignifikant hinsichtlich der Ausprägung ihrer Depressionssymptomatik (p[T1] < 0,001); die

Indexgruppe berichtete wiederum weniger Symptome. Dieser Unterschied zwischen den Gruppen blieb im Verlauf der Untersuchung im Wesentlichen bestehen, es zeigte sich zu allen Zeitpunkten ein signifikanter Unterschied (p[T3]<0,001; p[T4]=0,012).

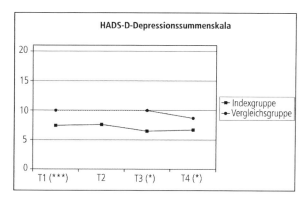

Abb. 9: Verlauf der HADS-D Depressionssummenskala in Index- und Vergleichsgruppe (Signifikanzangaben in den Klammern beziehen sich auf die Unterschiede zwischen den Gruppen)

4.3.4 Arbeitsfähigkeiten – O-AFP

Da das Design die Erhebung der Arbeitsfähigkeiten für die Vergleichsgruppe nicht zuließ, erfolgt für diese Variable nur die Darstellung der Verläufe in der Indexgruppe. Bei der Skala »Lernfähigkeit« ergab sich ein signifikanter Einfluss des Messwiederholungsfaktors (F=[df1=2; df2=208,887]=15,869; p<0,001). Zwischen den Zeitpunkten T1 und T2 kam es zu einem hochsignifikanten Anstieg der Skala »Lernfähigkeit«, im weiteren Verlauf von T2 zu T3 jedoch zu einem hochsignifikanten Abfall. In Abbildung 10 ist der Verlauf der O-AFP-Skala »Lernfähigkeit« über den Beobachtungszeitraum (T1–T3) dargestellt.

Der Verlauf der Skala »Fähigkeit zur sozialen Kommunikation« ist in Abbildung 11 dargestellt. Es ergab sich ein signifikanter Einfluss des Messwiederholungsfaktors (F=[df1=2; df2=189,220]=4,147; p<0,017).
Für die O-AFP-Skala »Fähigkeit zur sozialen Kommunikation« ergab sich ein tendenziell signifikanter Abfall zwischen T2 und T3. Darüber hinaus zeigten sich keine signifikanten Unterschiede im Beobachtungszeitraum.

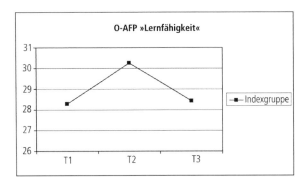

Abb. 10: Verlauf der O-AFP-Skala »Lernfähigkeit« über die Messzeitpunkte T1 bis T3 in der Indexgruppe

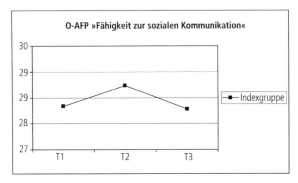

Abb. 11: Verlauf der O-AFP-Skala »Fähigkeit zur sozialen Kommunikation« über die Messzeitpunkte T1 bis T3 in der Indexgruppe

In Abbildung 12 ist der Verlauf der O-AFP-Skala »Anpassung« über den Beobachtungszeitraum (T1–T3) dargestellt. Es ergab sich ein signifikanter Einfluss des Messwiederholungsfaktors (F = [df1 = 2; df2 = 219,548] = 10,799; p < 0,001).

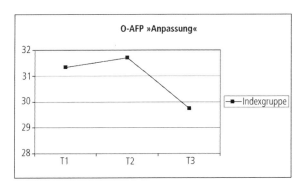

Abb. 12: Verlauf der O-AFP-Skala »Anpassung« über die Messzeitpunkte T1 bis T3 in der Indexgruppe

Zum Zeitpunkt T3 war eine hochsignifikant geringere Ausprägung der Skala »Anpassung« im Vergleich zu den beiden vorausgehenden Zeitpunkten festzustellen.

4.3.5 Funktionale Ergebnisparameter

Das soziale und berufliche Funktionsniveau entsprechend der SOFAS ist in Abbildung 13 zu den Zeitpunkten T1 bis T4 in beiden Stichproben dargestellt. Für die Indexgruppe zeigte sich ein signifikanter Einfluss des Messwiederholungsfaktors (F = [df1 = 3; df2 = 224,578] = 3,487; p = 0,017). Dagegen war in der Vergleichsgruppe hinsichtlich der SOFAS kein signifikanter Einfluss des Messwiederholungsfaktors festzustellen (T = [df = 74] = -0,89; p = 0,930). Es ist erkennbar, dass sich die SOFAS-Ausprägungen in der Indexgruppe von T1 (Maßnahmeeintritt) zu T3 (Maßnahmeaustritt) und von T2 (sechs Monate Verbleib in der Maßnahme) zu T3 signifikant steigerten. Im Katamnesezeitraum zeigten sich keine signifikanten Veränderungen der SOFAS-Ausprägungen.

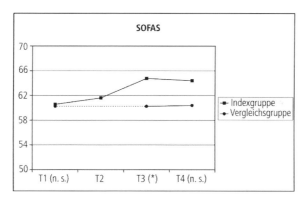

Abb. 13: Verlauf der SOFAS-Werte in Index- und Vergleichsgruppe (Signifikanzangaben in den Klammern beziehen sich auf die Unterschiede zwischen den Gruppen)

Beide Gruppen unterschieden sich zu T1 (Studien- bzw. Maßnahmeeintritt) hinsichtlich des Funktionsniveaus nicht signifikant voneinander (p [T1] = 0,882). Die Indexgruppe wies nach Absolvierung der Maßnahme ein signifikant höheres Funktionsniveau auf als die Vergleichsstichprobe (p [T3] = 0,037). Im Katamnesezeitraum verblieb das Funktionsniveau der Indexgruppe deskriptiv auf einem höheren Niveau als das der Vergleichsgruppe, dieses Ergebnis erwies sich jedoch als statistisch nur tendenziell signifikant (p [T4] = 0,071).

Der Verlauf der Level of Functioning Skala ist in Abbildung 14 dargestellt. Es ergab sich sowohl in der Indexgruppe (F = [df1 = 3; df2 = 255,005] = 68,293;

p < 0,001) als auch in der Vergleichsgruppe (T = [df = 74] = -2,492; p = 0,015) ein signifikanter Einfluss des Messwiederholungsfaktors. Für die Indexgruppe zeigten sich hochsignifikante Veränderungen der Level of Functioning Skala in allen Post-hoc-Vergleichen, mit Ausnahme des Vergleichs von T2 und T3. In Abbildung 14 ist erkennbar, dass von T1 zu T2 eine signifikante Steigerung der Werte vorlag, im Katamnesezeitraum die Ausprägungen dagegen signifikant abfielen. Insgesamt war über den Beobachtungszeitraum (T1 bis T4) jedoch eine hochsignifikante Zunahme der Werte festzustellen. In der Vergleichsstichprobe zeigte die Level of Functioning Skala eine signifikante Zunahme von T1 zu T4.

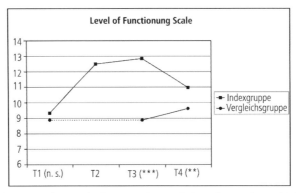

Abb. 14: Verlauf der Werte der Level of Functioning Scale in Index- und Vergleichsgruppe (Signifikanzangaben in den Klammern beziehen sich auf die Unterschiede zwischen den Gruppen)

Zum Studien- bzw. Maßnahmeeintritt fanden sich keine signifikant verschiedenen Ausprägungen der Level of Functioning Skala zwischen beiden Gruppen (p [T1] = 0,245). Zum Maßnahmeaustritt wies die Indexgruppe hochsignifikant bessere Werte auf (p [T3] < 0,001), die zum Katamnesezeitpunkt deskriptiv auf ein niedrigeres Level abfielen, jedoch weiterhin signifikant höher lagen als die der Vergleichsgruppe (p [T4] = 0,005).

4.3.6 Subjektive Erfolgsparameter – Lebensqualität

Abbildung 15 präsentiert den Verlauf für die WHOQOL-BREF-Skala »Physisches Wohlbefinden« für beide Stichproben über alle Zeitpunkte. Es ergab sich für beide Gruppen ein signifikanter Effekt des Messwiederholungsfaktors (Indexgruppe: F = [df1 = 3; df2 = 185,852] = 2,941; p = 0,034; Vergleichsgruppe: T = [df = 74] = -2,294; p = 0,025)). In der Indexgruppe zeigte sich für die Skala »Physisches Wohlbefinden« ein signifikanter Anstieg von T2 zu T3. Im Katamnesezeitraum erwies sich dieses Niveau als stabil. Die Vergleichsgruppe berichtete zu T4 eine signifikant höhere Lebensqualität als zu T1.

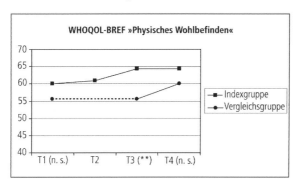

Abb. 15: Verlauf der Werte der Skala »Physisches Wohlbefinden« des WHOQOL-BREF in Index- und Vergleichsgruppe (Signifikanzangaben in den Klammern beziehen sich auf die Unterschiede zwischen den Gruppen)

Hinsichtlich des physischen Wohlbefindens unterschieden sich die Gruppen zum Zeitpunkt T1 tendenziell signifikant voneinander (p[T1]=0,095). Die Indexgruppe berichtete zum Maßnahmeaustritt ein signifikant besseres physisches Wohlbefinden als die Vergleichsgruppe (p[T3]=0,003). Zum Katamnesezeitpunkt war jedoch kein signifikanter Gruppenunterschied mehr festzustellen (p[T4]=0,171), was auf die Verbesserung des physischen Wohlbefindens in der Vergleichsgruppe zurückzuführen ist.

Für die WHOQOL-BREF-Skala »Psychisches Wohlbefinden« ergab sich der in Abbildung 16 dargestellte Verlauf. Es ergab sich für die Indexgruppe ein signifikanter Effekt des Messwiederholungsfaktors (F=[df1=3; df2=210,868]=5,338; p=0,001). Für die Vergleichsgruppe zeigte sich kein signifikanter Einfluss des Messwiederholungsfaktors (T=[df=74]=-1,227; p=0,224). Für die Indexgruppe war ein Anstieg der Skala »Psychisches Wohlbefinden« von T2 zu T3 und von T2 zu T4 zu verzeichnen. Im Katamnesezeitraum (T3 zu T4) zeigte sich keine signifikante Veränderung, der Skalenwert verblieb auf dem bereits zu T3 erreichten Level.

Die Teilnehmer der Indexgruppe berichteten durchgehend ein besseres psychisches Wohlbefinden als die Probanden der Vergleichsstichprobe. Die Ausprägungen in der Skala »Psychisches Wohlbefinden« unterschieden sich bereits zu T1 signifikant auf dem 5%-Niveau (p[T1]=0,016). Dieser Unterschied zwischen den beiden Gruppen intensivierte sich zum Maßnahmeaustritt (p[T3]<0,001) und war auch zur Katamneseuntersuchung auf dem 1%-Niveau signifikant (p[T4]=0,004).

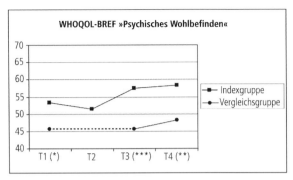

Abb. 16: Verlauf der Werte der Skala »Psychisches Wohlbefinden« des WHOQOL-BREF in Index- und Vergleichsgruppe (Signifikanzangaben in den Klammern beziehen sich auf die Unterschiede zwischen den Gruppen)

Abbildung 17 kann der Verlauf für die WHOQOL-BREF-Skala »Soziale Beziehungen« für beide Gruppen über alle Zeitpunkte entnommen werden. Für die Indexgruppe zeigte der Messwiederholungsfaktor keinen signifikanten Einfluss ($F = [df1 = 3; df2 = 257, 586] = 1,363; p = 0,255$). In der Vergleichsgruppe ergab sich dagegen ein signifikanter Einfluss des Messwiederholungsfaktors ($T = [df = 74] = -2,547; p = 0,013$). Für die Teilnehmer der Vergleichsgruppe zeigte sich eine signifikante Verbesserung der Skala »Soziale Beziehungen« von T1 zu T4.

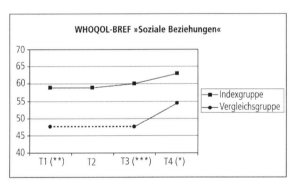

Abb. 17: Verlauf der Werte der Skala »Soziale Beziehungen« des WHOQOL-BREF in Index- und Vergleichsgruppe (Signifikanzangaben in den Klammern beziehen sich auf die Unterschiede zwischen den Gruppen)

Auch in der Skala »Soziale Beziehungen« des WHOQOL-BREF berichteten die Teilnehmer der Indexstichprobe durchgehend signifikant höhere Ausprägungen ($p[T1] = 0,001$; $p[T3] < 0,001$; $p[T4] = 0,01$). Es war darüber hinaus in beiden Gruppen deskriptiv eine kontinuierliche Verbesserung in dieser Skala mit fortschreitendem Untersuchungszeitraum erkennbar. Die reduzierte Differenz zwischen beiden Stichproben zum Katamnesezeitpunkt ist auf die im Vergleich zu T1 gestiegenen Werte der Vergleichsgruppe zurückzuführen.

Für die WHOQOL-BREF-Skala »Umwelt« ergab sich in der Indexgruppe ein tendenziell signifikanter Einfluss des Messwiederholungsfaktors (F = [df1 = 3; df2 = 282,697] = 2,549; p = 0,056). Dagegen zeigte sich in der Vergleichsgruppe ein signifikanter Einfluss des Messwiederholungsfaktors (T = [df = 74] = -2,177; p = 0,033). Ergebnisse der Post-hoc-Vergleiche wiesen für die Indexgruppe auf einen tendenziellen Anstieg der Skalenwerte im Katamnesezeitraum (T3 zu T4) hin. In der Vergleichsgruppe kam es zu einer signifikanten Verbesserung der Skala »Umwelt« (vgl. Abbildung 18).

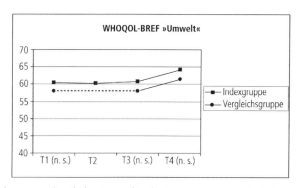

Abb. 18: Verlauf der Werte der Skala »Umwelt« des WHOQOL-BREF in Index- und Vergleichsgruppe (Signifikanzangaben in den Klammern beziehen sich auf die Unterschiede zwischen den Gruppen)

Zu keinem der dargestellten Befragungszeitpunkte wurden signifikante Gruppenunterschiede hinsichtlich der Skala »Umwelt« gefunden (p[T1] = 0,28; p[T3 = 0,259; p[T4] = 0,255). Beide Gruppen berichteten zum Katamnesezeitpunkt eine Verbesserung in diesem Bereich. Die Teilnehmer der Vergleichsgruppe gaben durchgängig ein deskriptiv vergleichsweise niedrigeres Niveau an.

4.3.7 Subjektive Erfolgsparameter – Bedürfnislage

Diese Variable wies keine Normalverteilung auf (T1: Kolmogorov-Smirnov-Z = 2,097; p < 0,001; T3: Kolmogorov-Smirnov-Z = 2,819; p < 0,001; T4: Kolmogorov-Smirnov-Z = 2,758; p < 0,001), jedoch konnten alle Ergebnisse mit Ausnahme der Gruppenvergleiche durch die zusätzliche Anwendung nonparametrischer Verfahren validiert werden. Für die Indexgruppe ergab sich ein hochsignifikanter Einfluss des Messwiederholungsfaktors (F = [df1 = 3; df2 = 234,203] = 9,756;

p<0,001). Dagegen wurde in der Vergleichsgruppe kein solcher Einfluss festgestellt (T=[df=74]=0,324; p=0,747). Aus Abbildung 19 ist erkennbar, dass sich die Anzahl der Bedürfnisse in der Indexgruppe von T1 zu T2 signifikant reduzierte und über die Zeitpunkte T3 und T4 konstant blieb. Über den gesamten Beobachtungszeitraum hinweg (T1 bis T4) war somit ein hochsignifikanter Rückgang der angegebenen Bedürfnisse festzustellen.

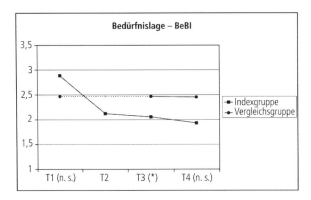

Abb. 19: Durchschnittliche Anzahl der Bedürfnisse (BeBI) zu T1, T3 und T4 in Index- und Vergleichsgruppe (Signifikanzangaben in den Klammern beziehen sich auf die Unterschiede zwischen den Gruppen)

Index- und Vergleichsgruppe unterschieden sich zum Untersuchungszeitpunkt T1 hinsichtlich der Anzahl der angegebenen Bedürfnisse nicht signifikant voneinander (p[T1]=0,133; Mann-Whitney-U=3462). Zum Maßnahmeaustritt gaben die Teilnehmer der Indexstichprobe im Vergleich zur anderen Gruppe dagegen signifikant weniger Bedürfnisse an (p[T3]=0,040; Mann-Whitney-U=3239,5). Dieser signifikante Unterschied verschwand zum Katamnesezeitpunkt wieder, tendenziell verblieb die Indexgruppe allerdings weiterhin auf einem niedrigeren Niveau als die Vergleichsgruppe, d.h. sie berichtete weniger Bedürfnisse (p[T4]=0,078; Mann-Whitney-U=3377,5).

4.3.8 Subjektive Erfolgsparameter – Visuell-Analog-Skala (VAS)

Die eingesetzte VAS erwies sich zunächst als schwerer auswertbar als erwartet. Dabei ergab sich folgendes Problem: Bei einer Erfassung alle drei Wochen und einem durchschnittlichen Verbleib in der Maßnahme von ca. einem Jahr wurde zunächst von ungefähr 15 Erhebungszeitpunkten ausgegangen. Aufgrund der jedoch hohen Varianz in der tatsächlichen Rehabilitationsdauer ergaben sich für die einzelnen Teilnehmer sehr unterschiedliche Anzahlen möglicher Erhebungszeitpunkte für die VAS. Zudem traten durch zwischenzeitliche Abwesenheit der Teilnehmer aufgrund Erkrankung oder Urlaub eine Vielzahl von fehlenden Werten (»missings«) auf.

Diesen Umständen wurde dadurch Rechnung getragen, dass aus den jeweils zur Verfügung stehenden Messwerten der Probanden entsprechend ihrer tatsächlichen Rehabilitationsdauer Datenpunkte extrahiert wurden, die repräsentativ für fünf Verlaufszeitpunkte standen. So wurde durch Bildung des Mittelwertes der ersten beiden verfügbaren Messwerte ein Datenpunkt für den *Beginn der Rehabilitation* gebildet. Ein weiterer Datenpunkt soll den Verlauf im jeweils *ersten Drittel der Maßnahme* abbilden. Hierzu wurde jeweils individuell der Mittelwert derjenigen Messzeitpunkte gebildet, die diesen Zeitabschnitt repräsentierten. Gleichermaßen wurde für die Datenpunkte *Mitte der Rehabilitation, zweites Drittel der Maßnahme und Ende der Rehabilitation* verfahren. Somit konnte zum einen die Anzahl fehlender Werte reduziert werden, zum anderen repräsentieren die Datenpunkte nunmehr vergleichbare relative Positionen im Rehabilitationsverlauf der einzelnen Teilnehmer. In diesem Datensatz auftretende fehlende Werte (<5%) wurden durch multiple Imputation ersetzt. Aufgrund dieser Post-hoc-Datenstrukturierung sollten die im Folgenden berichteten Verlaufsdaten jedoch mit der gebotenen Vorsicht interpretiert werden. Tabelle 10 gibt die deskriptive Statistik der so erhaltenen Verläufe der VAS-Items wieder.

Tab. 10: Mittelwerte und Standardabweichungen für die VAS-Items über die fünf Datenpunkte

VAS-Item »Zufriedenheit mit ...«	Beginn der Rehabilitation M (SD)	Erstes Maßnahmedrittel M (SD)	Mitte der Maßnahme M (SD)	Zweites Maßnahmedrittel M (SD)	Ende der Maßnahme M (SD)
1) ... den Angeboten der Einrichtung	60,37 (20,23)	56,97 (22,35)	60,285 (19,64)	62,15 (23,84)	60,19 (25,93)
2) ... der Betreuung durch die Mitarbeiter	66,27 (19,87)	62,39 (23,97)	62,77 (21,58)	63,67 (25,26)	64,17 (27,18)
3) ... der eigenen Entwicklung	53,55 (20,73)	51,92 (21,44)	53,03 (22,62)	57,55 (23,16)	62,85 (24,95)
4) ... der eigenen Leistungsfähigkeit	49,66 (23,64)	53,44 (21,93)	54,75 (21,50)	58,83 (24,55)	61,33 (22,45)
5) ... dem eigenen Befinden	49,42 (24,26)	49,47 (22,70)	50,09 (24,40)	56,00 (27,28)	56,67 (6,09)

Abbildung 20 kennzeichnet den Verlauf der Werte für das VAS-Item »Zufriedenheit mit dem Angebot der Einrichtung«. Ein hierarchisches lineares Modell (Kovarianzstruktur: AR1) mit dem Messwiederholungsfaktor »Datenpunkt« ergab für dieses Item einen tendenziell signifikanten Einfluss des Wiederholungsfaktors (F[df1 = 4; df2 = 242,157] = 2,259; p = 0,063). Post-hoc-Einzelvergleiche

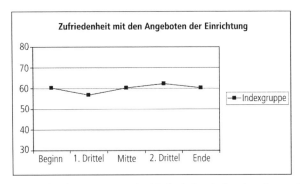

Abb. 20: **Verlauf der Werte für das VAS-Item »Zufriedenheit mit den Angeboten der Einrichtung« über den Maßnahmenzeitraum**

(α-Adjustierung: Bonferroni) der einzelnen Messzeitpunkte ergaben keine signifikanten Veränderungen zwischen zwei benachbarten Datenpunkten.

Der Verlauf der Werte für das VAS-Item »Zufriedenheit mit der Betreuung durch die Mitarbeiter der Einrichtung« wird in Abbildung 21 gekennzeichnet. Es ergab sich kein signifikanter Einfluss des Wiederholungsfaktors (F[df1 = 4; df2 = 264,030] = 1,101; p = 0,356).

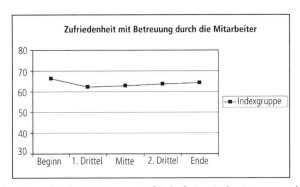

Abb. 21: **Verlauf der Werte für das VAS-Item »Zufriedenheit mit der Betreuung durch die Mitarbeiter« über den Maßnahmenzeitraum**

In Abbildung 22 wird der Verlauf der Werte für das VAS-Item »Zufriedenheit mit der eigenen Entwicklung in der Rehabilitation« veranschaulicht. Es ergab sich ein signifikanter Einfluss des Wiederholungsfaktors (F[df1 = 4; df2 = 253,819] = 5,175; p = 0,001).

Einzelvergleiche der Werte der einzelnen Messzeitpunkte ergaben signifikante Differenzen zwischen Datenpunkt »Beginn der Maßnahme« und »Ende der Maßnahme« (p = 0,010), zwischen den Datenpunkten »erstes Drittel« vs. »Ende der Maßnahme« (p < 0,001), »Mitte der Maßnahme« und »Ende der Maßnah-

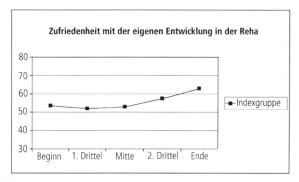

Abb. 22: Verlauf der Werte für das VAS-Item »Zufriedenheit mit der eigenen Entwicklung im Laufe der Rehabilitation« über den Maßnahmenzeitraum

me« (p < 0,001) sowie zwischen Datenpunkt »zweites Drittel« und »Ende der Maßnahme« (p = 0,029).

Abbildung 23 beschreibt den Verlauf der Werte für das VAS-Item »Zufriedenheit mit der eigenen Leistungsfähigkeit«. Es ergab sich wiederum ein signifikanter Einfluss des Wiederholungsfaktors (F [df1 = 4; df2 = 232,260] = 5,176; p = 0,001). Post-hoc-Einzelvergleiche (α-Adjustierung: Bonferroni) der einzelnen Messzeitpunkte ergaben signifikante Differenzen zwischen »Beginn der Maßnahme« und »zweites Drittel« (p = 0,002) bzw. »Ende der Maßnahme« (p < 0,001), zwischen dem »ersten Drittel« und dem »Ende der Maßnahme« (p = 0,016) sowie der »Mitte der Maßnahme« und »Ende der Maßnahme« (p = 0,025).

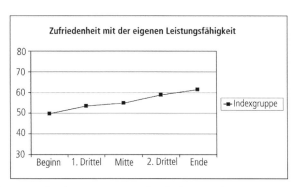

Abb. 23: Verlauf der Werte für das VAS-Item »Zufriedenheit mit der eigenen Leistungsfähigkeit« über den Maßnahmenzeitraum

Abbildung 24 zeigt den Verlauf des VAS-Items »Zufriedenheit mit dem eigenen Befinden«. Wiederum ergab sich ein signifikanter Einfluss des Wiederholungsfaktors (F[df1 = 4; df2 = 278,663] = 2,592; p = 0,037).

Post-hoc-Einzelvergleiche ergaben lediglich für »Mitte der Maßnahme« und »zweites Drittel« signifikante Differenzen (p = 0,044).

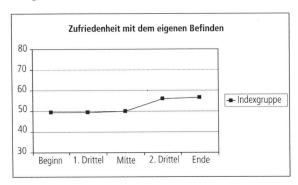

Abb. 24: Verlauf der Werte für das VAS-Item »Zufriedenheit mit dem eigenen Befinden« über den Maßnahmenzeitraum

4.3.9 Wiedereingliederung

Der zum Katamnesezeitpunkt erhobene Beschäftigungsstatus in beiden Gruppen entsprechend der eingeführten Ordinalskala ist in Tabelle 11 dargestellt. Index- und Vergleichsstichprobe unterschieden sich in ihrem relativen Fortschritt auf der Achse des Arbeitsniveaus signifikant voneinander (Mann-Whitney-U = 3159,500; p = 0,006). Wird als Wiedereingliederungsergebnis lediglich das Vorliegen einer tagesstrukturierenden Beschäftigung als Kriterium herangezogen, ergab sich in der Indexgruppe für n = 42 (39,6 %) Personen ein positives Rehabilitationsergebnis, während in der Vergleichsstichprobe lediglich n = 14 (18,7 %) eine Beschäftigung zum Katamnesezeitpunkt innehatten (χ^2[df = 1] = 9,027; p = 0,003). Vergleiche zwischen den beiden Gruppen bezogen auf die einzelnen Integrationsstufen ergaben keinen signifikanten Unterschied in der Berentungshäufigkeit (χ^2[df = 1] = 2,484; p_{exakt} = 0,166), einen tendenziellen Unterschied für die Rückkehr bzw. den Verbleib in Beschäftigungslosigkeit (χ^2[df = 1] = 3,243; p = 0,072) sowie einen signifikanten Unterschied in der Integration in ein geschütztes Arbeitsverhältnis (χ^2[df = 1] = 7,575; p = 0,006). Die Häufigkeit einer Integration in ein Arbeitsverhältnis des allgemeinen Arbeitsmarktes unterschied sich zwischen den Gruppen wiederum nicht (χ^2[df = 1] = 0,248; p = 0,618).

Tab. 11: Wiedereingliederungsstatus in Index- (n=106) und Vergleichsgruppe (n=75) zum Katamnesezeitpunkt

Integrationsniveau	Indexgruppe (n=106) n (%)	Vergleichsgruppe (n=75) n (%)
1. Beschäftigung oder Berufsausbildung auf dem allgemeinen Arbeitsmarkt	20 (18,9%)	12 (16,0%)
2. Beschäftigung oder Berufsausbildung auf dem geschützten Arbeitsmarkt	16 (15,1%)	2 (2,7%)
3. berufliche Rehabilitationsmaßnahme (ohne Berufsausbildung)	6 (5,7%)	*
4. Beschäftigungslosigkeit	61 (57,5%)	55 (73,3%)
5. Erwerbs- bzw. Berufsunfähigkeit	3 (2,8%)	6 (8,0%)

* Da definitionsgemäß kein Teilnehmer der Vergleichsgruppe während der Untersuchung eine berufliche Rehabilitation erhalten sollte, bleibt diese Zelle leer.

4.4 Regressionsergebnisse

4.4.1 Arbeitsfähigkeiten

Tabelle 12 gibt die schrittweisen linearen Regressionsmodelle zur Vorhersage der O-AFP Subskala »Lernfähigkeit« für N=106 Teilnehmer bei Eintritt in die Rehabilitation (T1), die Veränderung im Laufe der Rehabilitation (Residuen T1-T3) sowie für die Ausprägungen bei Austritt aus der Maßname (T3) wieder.

Während eine hohe Ausprägung der O-AFP-Skala »Lernfähigkeit« bei Eintritt in die Rehabilitation durch eine gute Aufmerksamkeitsleistung, niedrige Negativsymptomatik, eine hohe Verträglichkeit und die Diagnose einer affektiven Erkrankung vorhergesagt werden konnte, ließ sich eine positive Veränderung der Lernfähigkeit nur in geringem Umfang durch eine gute prämorbide Anpassung prädizieren. Die Ausprägung bei Austritt aus der Maßnahme wurde wiederum durch eine gute Aufmerksamkeitsleistung, Gewissenhaftigkeit, eine hohe Schulausbildung und eine im Laufe der Rehabilitation reduzierte Positivsymptomatik erklärt.

In Tabelle 13 sind die Regressionsmodelle für die Vorhersage der O-AFP-Skala »Fähigkeit zur sozialen Kommunikation« abgebildet.

Tab. 12: Schrittweise Regressionsmodelle für die O-AFP-Subskala »Lernfähigkeit« zu T1, Veränderungen (T1-T3) und Skalenwerte zu T3

T	Eingeschlossene Prädiktorvariablen	β (p)	Kumuliertes korrigiertes R^2
T1	LPS Aufmerksamkeit	0,298 (0,001)	0,119
	PANSS negative Symptome zu T1	-0,199 (0,028)	0,181
	NEO-FFI Verträglichkeit	0,201 (0,022)	0,217
	Diagnosegruppe F3	0,179 (0,041)	0,241
Residuen T1–T3	PAS Summenscore	-0,231 (0,017)	0,044
T3	LPS Aufmerksamkeit	0,205 (0,029)	0,118
	NEO-FFI Gewissenhaftigkeit	0,237 (0,009)	0,167
	Dauer der Schulausbildung (Jahre)	0,217 (0,016)	0,204
	PANSS Veränderung der positiven Symptome von T1 zu T3	-0,182 (0,040)	0,229

Anmerkung: β: standardisierter Regressionskoeffizient; (p): Irrtumswahrscheinlichkeit für β; Kumuliertes korrigiertes R^2: Varianzaufklärung für die jeweilig schrittweise eingeschlossene Variable inklusive eingeschlossener Prädiktoren vorangegangener Schritte

Tab. 13: Schrittweise Regressionsmodelle für die O-AFP-Subskala »Fähigkeit zur sozialen Kommunikation« zu T1, Veränderungen (T1–T3) und Skalenwerte zu T3

T	Eingeschlossene Prädiktorvariablen	β (p)	Kumuliertes korrigiertes R^2
T1	PAS Summenscore	-0,372 (<0,001)	0,189
	Diagnosegruppe F2	-0,301 (<0,001)	0,278
	NEO-FFI Extraversion	0,228 (0,016)	0,334
	Dauer der Schulausbildung (Jahre)	-0,175 (0,041)	0,355
Residuen T1–T3	PANSS Veränderung der negativen Symptome von T1 zu T3	-0,239 (0,013)	0,048
T3	PAS Summenscore	-0,333 (0,001)	0,189
	Diagnosegruppe F2	-0,242 (0,005)	0,233
	NEO-FFI Extraversion	0,228 (0,019)	0,266

Anmerkung: β: standardisierter Regressionskoeffizient; (p): Irrtumswahrscheinlichkeit für β; Kumuliertes korrigiertes R^2: Varianzaufklärung für die jeweilig schrittweise eingeschlossene Variable inklusive eingeschlossener Prädiktoren vorangegangener Schritte

Die Ausprägung der O-AFP-Skala »Fähigkeit zur sozialen Kommunikation« bei Eintritt in die Rehabilitation wurde durch eine gute prämorbide Anpassung und hohe Extraversion positiv beeinflusst, demgegenüber minderten das Vorliegen einer Erkrankung aus dem schizophrenen Formenkreis sowie eine gute Schulausbildung diese initialen Kommunikationsfertigkeiten. Eine Verbesserung im Laufe der Rehabilitation wurde durch eine reduzierte Negativsymptomatik in geringem Umfang erklärt. Die Ausprägung zu T3 konnte wiederum durch eine gute prämorbide Anpassung und hohe Extraversion positiv, durch das Vorliegen einer Erkrankung aus dem schizophrenen Formenkreis negativ vorhergesagt werden.

In Tabelle 14 werden die Vorhersagemodelle für die O-AFP-Skala »Anpassung« berichtet.

Tab. 14: Schrittweise Regressionsmodelle für die O-AFP-Subskala »Anpassung« zu T1, Veränderungen (T1–T3) und Skalenwerte zu T3

T	Eingeschlossene Prädiktorvariablen	β (p)	Kumuliertes korrigiertes R^2
T1	PANSS positive Symptome zu T1	-0,318 (0,001)	0,149
	Diagnosegruppe F2	-0,207 (0,027)	0,177
	LPS fluide Intelligenz	0,180 (0,042)	0,202
Residuen T1–T3	PANSS Veränderung der positiven Symptome von T1 zu T3	-0,237 (0,012)	0,049
	Alter	0,228 (0,016)	0,093
T3	PANSS positive Symptome zu T1	-0,295 (0,002)	0,078
	PANSS Veränderung der positiven Symptome von T1 zu T3	-0,246 (0,008)	0,131

Anmerkung: β: standardisierter Regressionskoeffizient; (p): Irrtumswahrscheinlichkeit für β; Kumuliertes korrigiertes R^2: Varianzaufklärung für die jeweilig schrittweise eingeschlossene Variable inklusive eingeschlossener Prädiktoren vorangegangener Schritte

Eine hohe Ausprägung der O-AFP-Skala »Anpassung« bei Eintritt in die Rehabilitation wurde durch eine geringe Positivsymptomatik und eine hohe fluide Intelligenz prädiziert, während das Vorliegen einer schizophrenen Erkrankung einen limitierenden Einfluss zeigte. Eine Verbesserung der Werte wurde durch eine reduzierte Positivsymptomatik und ein hohes Alter vorhergesagt. Die Ausprägung zu T3 wurde wiederum durch das initiale Ausmaß positiver Symptome und deren Veränderung während der Maßnahme beeinflusst.

Für die Ausprägung der Gesamtskala des Osnabrücker Arbeitsfähigkeitenprofils zu T1 zeigte das Vorliegen einer Diagnose aus dem schizophrenen Formenkreis einen negativen Einfluss (vgl. Tab. 15). Gleichermaßen minderte eine schlechte prämorbide Anpassung die Arbeitsfähigkeit zu T1, während eine gute fluide Intelligenz sowie hohe Extraversion positive Einflüsse aufwiesen. Die Veränderung der Arbeitsfähigkeiten im Laufe der Rehabilitation ließ sich durch eine Verminderung der allgemeinen Symptome bei guter prämorbider Anpassung prädizieren. Dementsprechend wurde die Ausprägung zu T3 durch eine gute prämorbide Anpassung und eine verminderte allgemeine Symptomatik positiv, durch das Vorliegen einer Erkrankung aus dem schizophrenen Formenkreis negativ beeinflusst.

Tab. 15: Schrittweise Regressionsmodelle für die O-AFP-Gesamtskala zu T1, Veränderungen (T1–T3) und Skalenwerte zu T3

T	Eingeschlossene Prädiktorvariablen	β (p)	Kumuliertes korrigiertes R^2
T1	Diagnosegruppe F2	-0,365 (<0,001)	0,113
	PAS Summenscore	-0,229 (0,019)	0,224
	LPS fluide Intelligenz	0,245 (0,005)	0,260
	NEO-FFI Extraversion	0,200 (0,042)	0,283
Residuen T1–T3	PANSS Veränderung der allgemeinen Symptome von T1 zu T3	-0,197 (0,042)	0,044
	PAS Summenscore	-0,192 (0,048)	0,071
T3	PAS Summenscore	-0,347 (<0,001)	0,137
	Diagnosegruppe F2	-0,223 (0,012)	0,185
	PANSS Veränderung der allgemeinen Symptome von T1 zu T3	-0,188 (0,036)	0,212

Anmerkung: β: standardisierter Regressionskoeffizient; (p): Irrtumswahrscheinlichkeit für β; Kumuliertes korrigiertes R^2: Varianzaufklärung für die jeweilig schrittweise eingeschlossene Variable inklusive eingeschlossener Prädiktoren vorangegangener Schritte

4.4.2 Funktionale Erfolgsparameter

In Tabelle 16 finden sich die Vorhersagemodelle für die Ausprägungen der SOFAS für N = 106 Teilnehmer bei Eintritt in die Rehabilitation (T1), die Veränderung im Laufe der Rehabilitation (Residuen T1–T3), für die Ausprägungen bei Austritt aus der Maßname (T3), die Veränderung im Katamnesezeitraum (Residuen T3–T4) sowie die Ausprägung zum Katamnesezeitpunkt (T4).

Tab. 16: Schrittweise Regressionsmodelle für die SOFAS zu T1, Veränderungen von T1–T3, Werte zu T3, Veränderungen von T3 zu T4 sowie die Werte zu T4

T	Eingeschlossene Prädiktorvariablen	β (p)	Kumuliertes korrigiertes R²
T1	PAS Summenscore	-0,465 (<0,001)	0,441
	PANSS allgemeine Symptome zu T1	-0,252 (0,002)	0,514
	PANSS negative Symptome zu T1	-0,204 (0,008)	0,542
Residuen T1–T3	PANSS Veränderung der allgemeinen Symptome von T1 zu T3	-0,416 (<0,001)	0,337
	PANSS Veränderung der positiven Symptome von T1 zu T3	-0,236 (0,015)	0,369
	PANSS Veränderung der negativen Symptome von T1 zu T3	-0,188 (0,016)	0,399
T3	PANSS Veränderung der allgemeinen Symptome von T1 zu T3	-0,398 (<0,001)	0,347
	PAS Summenscore	-0,261 (0,001)	0,509
	PANSS allgemeine Symptome zu T1	-0,226 (0,002)	0,536
	PANSS Veränderung der negativen Symptome von T1 zu T3	-0,189 (0,004)	0,568
	PANSS Veränderung der positiven Symptome von T1 zu T3	-0,203 (0,012)	0,590
Residuen T3–T4	PANSS Veränderung der allgemeinen Symptome von T3 zu T4	-0,352 (<0,001)	0,247
	PANSS Veränderung der negativen Symptome von T3 zu T4	-0,247 (0,003)	0,296
	Gesamtdauer der vorrehabilitativen Arbeitslosigkeit	-0,124 (0,007)	0,332
	PANSS negative Symptome zu T1	-0,191 (0,015)	0,366
	HADS-D Veränderung depressiver und angstbezogener Symptomatik von T3 zu T4	-0,166 (0,035)	0,387
T4	PANSS Veränderung der allgemeinen Symptome von T1 zu T3	-0,467 (<0,001)	0,215
	PANSS Veränderung der allgemeinen Symptome von T3 zu T4	-0,473 (<0,001)	0,430
	PANSS negative Symptome zu T1	-0,276 (<0,001)	0,525
	NEO-FFI Neurotizismus	-0,243 (<0,001)	0,567

Anmerkung: β: standardisierter Regressionskoeffizient; (p): Irrtumswahrscheinlichkeit für β; Kumuliertes korrigiertes R²: Varianzaufklärung für die jeweilig schrittweise eingeschlossene Variable inklusive eingeschlossener Prädiktoren vorangegangener Schritte

Hohe Werte der SOFAS wurden in ihrer Ausprägung zu T1 durch eine gute prämorbide Anpassung sowie niedrige allgemeine und negative Symptome vorhergesagt. Eine positive Entwicklung im Verlauf der Rehabilitation ließ sich durch eine reduzierte allgemeine, positive und negative Symptomatik prädizieren, am Ende der Maßnahme zeigten Personen mit niedriger allgemeiner Ausgangssymptomatik, guter prämorbider Anpassung und reduzierter allgemeiner, positiver und negativer Symptomatik gute SOFAS-Werte. Eine positive Veränderung im Katamnesezeitraum wurde wiederum durch ein niedriges Niveau negativer Symptome zu T1, eine weiter reduzierte allgemeine und negative Symptomatik, verminderte depressive und angstbezogene Symptome sowie eine geringe Arbeitslosigkeitsdauer vor der Rehabilitation vorhergesagt.

In Tabelle 17 sind die entsprechenden Regressionsmodelle für die Ausprägungen der Level of Functioning Scale abgebildet.

Tab. 17: Schrittweise Regressionsmodelle für die Level of Functioning Scale zu T1, Veränderungen von T1–T3, Werte zu T3, Veränderungen von T3 zu T4 sowie die Werte zu T4

T	Eingeschlossene Prädiktorvariablen	β (p)	Kumuliertes korrigiertes R^2
T1	PANSS allgemeine Symptome zu T1	-0,453 (<0,001)	0,244
	NEO-FFI Extraversion	0,186 (0,033)	0,270
Residuen T1–T3	PANSS Veränderung der allgemeinen Symptome von T1 zu T3	-0,523 (<0,001)	0,275
	Berufsausbildung	-0,178 (0,031)	0,300
T3	PANSS Veränderung der allgemeinen Symptome von T1 zu T3	-0,553 (<0,001)	0,329
	PANSS negative Symptome zu T1	-0,195 (0,014)	0,370
	HADS-D depressive und angstbezogene Symptomatik zu T1	-0,155 (0,048)	0,388
Residuen T3–T4	PANSS Veränderung der allgemeinen Symptome von T3 zu T4	-0,398 (<0,001)	0,197
	HADS-D Veränderung depressiver und angstbezogener Symptomatik von T3 zu T4	-0,299 (0,001)	0,278
T4	PANSS Veränderung der allgemeinen Symptome von T1 zu T3	-0,395 (<0,001)	0,143
	PANSS Veränderung der allgemeinen Symptome von T3 zu T4	-0,362 (<0,001)	0,315
	HADS-D Veränderung depressiver und angstbezogener Symptomatik von T3 zu T4	-0,247 (0,002)	0,373
	PANSS negative Symptome zu T1	-0,201 (0,010)	0,408

Anmerkung: β: standardisierter Regressionskoeffizient; (p): Irrtumswahrscheinlichkeit für β; Kumuliertes korrigiertes R^2: Varianzaufklärung für die jeweilig schrittweise eingeschlossene Variable inklusive eingeschlossener Prädiktoren vorangegangener Schritte

Das Funktionsniveau anhand der Level of Functioning-Scale wurde in seiner Ausprägung zu T1 durch die allgemeine Symptomatik und Extraversion vorhergesagt. Eine positive Veränderung im Laufe der Rehabilitation konnte durch einen Rückgang allgemeiner Symptome prädiziert werden. Eine abgeschlossene Berufsausbildung zeigte einen negativen Einfluss. Das Funktionsniveau zu T3 wurde durch eine geringe Negativsymptomatik zu T1 sowie einen Rückgang allgemeiner und angst- bzw. depressionsbezogener Symptome während der Maßnahme vorhergesagt. Ein weiterer Rückgang dieser beiden Symptomklassen prädizierte zudem die weitere Verbesserung des Funktionsniveaus im Katamnesezeitraum. Zum Katamnesezeitpunkt zeigten dementsprechend Teilnehmer mit einer reduzierten allgemeinen sowie angst- und depressionsbezogenen Symptomatik und niedrigen Negativsymptomen zu T1 den diesbezüglich besten Outcome.

4.4.3 Subjektive Erfolgsparameter – Lebensqualität

In Tabelle 18 werden die Vorhersagemodelle für die Subskala »Physisches Wohlbefinden« des WHOQOL-BREF-Fragebogens für N = 106 Teilnehmer bei Eintritt in die Rehabilitation (T1), die Veränderung im Laufe der Rehabilitation (Residuen T1–T3), für die Ausprägungen bei Austritt aus der Maßname (T3), die Veränderung im Katamnesezeitraum (Residuen T3–T4) sowie die Ausprägung zum Katamnesezeitpunkt (T4) abgebildet. Die Subskala »Physisches Wohlbefinden« des WHOQOL-BREF wurde in ihrer initialen Ausprägung zu T1 zu einem Großteil durch depressions- und angstbezogene Symptomatik erklärt. Darüber hinaus hatte die Diagnosekategorie »andere psychische Erkrankungen« positiv prädiktiven Wert, während eine hohe Ausprägung negativer Symptome das physische Wohlbefinden minderte. Zudem wirkte sich eine lange Arbeitslosigkeit vor der Maßnahme ebenfalls positiv auf das physische Wohlbefinden aus. Ein Rückgang depressiver und angstbezogener Symptomatik sowie positiver Symptome von T1 zu T3 und eine hohe kristalline Intelligenz sagten eine Verbesserung des physischen Wohlbefindens während der Rehabilitation vorher. Eine lange vorrehabilitative Arbeitstätigkeit wirkte sich demgegenüber negativ auf die Veränderung des physischen Wohlbefindens aus.

Eine hohe Ausprägung bei Austritt aus der Maßnahme wurde folglich durch ein niedriges initiales Ausmaß depressions- und angstbezogener Symptomatik und deren Rückgang im Laufe der Maßnahme, niedriges Alter, eine gute prämorbide Anpassung, hohe kristalline Intelligenz, eine verminderte allgemeine Symptomatik laut PANSS und eine niedrige Schulbildung vorhergesagt. Nach Abschluss der Rehabilitation verbesserte sich das physische Wohlbefinden bei Personen mit affektiven Erkrankungen, deren depressions- und angstbezogene Symptomatik

Tab. 18: Schrittweise Regressionsmodelle für die Subskala »Physisches Wohlbefinden« des WHOQOL-BREF zu T1, Veränderungen von T1–T3, Werte zu T3, Veränderungen von T3 zu T4 sowie die Werte zu T4

T	Eingeschlossene Prädiktorvariablen	β	Kumuliertes korrigiertes R² (p)
T1	HADS-D depressive und angstbezogene Symptomatik zu T1	-0,596 (<0,001)	0,410
	Diagnosegruppe »andere Diagnosen«	0,247 (0,001)	0,462
	PANSS negative Symptome zu T1	-0,204 (0,004)	0,497
	Dauer der vorrehabilitativen Arbeitslosigkeit (Monate)	0,167 (0,016)	0,521
Residuen T1–T3	HADS-D Veränderung depressiver und angstbezogener Symptomatik von T1 zu T3	-0,466 (<0,001)	0,309
	Dauer der vorrehabilitativen Berufstätigkeit (Monate)	-0,275 (<0,001)	0,394
	LPS kristalline Intelligenz	0,217 (0,004)	0,424
	PANSS Veränderung der allgemeinen Symptome von T1 zu T3	-0,217 (0,006)	0,460
T3	HADS-D Veränderung depressiver und angstbezogener Symptomatik von T1 zu T3	-0,463 (<0,001)	0,341
	HADS-D depressive und angstbezogene Symptomatik zu T1	-0,307 (<0,001)	0,497
	Alter	-0,307 (<0,001)	0,559
	PAS Summenscore	-0,200 (0,005)	0,588
	LPS kristalline Intelligenz	0,270 (<0,001)	0,611
	PANSS Veränderung der allgemeinen Symptome von T1 zu T3	-0,213 (0,001)	0,640
	Dauer der Schulausbildung (Jahre)	-0,148 (0,044)	0,651
Residuen T3–T4	HADS-D Veränderung depressiver und angstbezogener Symptomatik von T3 zu T4	-0,356 (<0,001)	0,114
	LPS kristalline Intelligenz	0,368 (<0,001)	0,169
	LPS Aufmerksamkeit	0,280 (0,002)	0,231
	Diagnosegruppe F3	0,182 (0,038)	0,256
T4	HADS-D Veränderung depressiver und angstbezogener Symptomatik von T1 zu T3	-0,516 (<0,001)	0,217
	HADS-D Veränderung depressiver und angstbezogener Symptomatik von T3 zu T4	-0,387 (<0,001)	0,504
	LPS Aufmerksamkeit	0,139 (0,031)	0,538
	Dauer der vorrehabilitativen Berufstätigkeit (Monate)	-0,230 (<0,001)	0,565
	PANSS Veränderung der allgemeinen Symptome von T1 zu T3	-0,174 (0,010)	0,586
	NEO-FFI Extraversion	0,200 (0,007)	0,600
	PANSS positive Symptome zu T1	-0,166 (0,011)	0,622

Anmerkung: β: standardisierter Regressionskoeffizient; (p): Irrtumswahrscheinlichkeit für β; Kumuliertes korrigiertes R²: Varianzaufklärung für die jeweilig schrittweise eingeschlossene Variable inklusive eingeschlossener Prädiktoren vorangegangener Schritte

sich reduziert hatte. Eine hohe kristalline Intelligenz und Aufmerksamkeit wirkten darüber hinaus prädiktiv.

Ein hohes physisches Wohlbefinden zum Katamnesezeitpunkt wurde durch eine verminderte depressions- und angstbezogene Symptomatik während und nach der Rehabilitation, eine verminderte allgemeine Symptomatik, niedrige initiale Ausprägung positiver Symptome, gute Aufmerksamkeitsleistungen und Extraversion vorhergesagt. Wieder wirkte eine längere Berufstätigkeit vor der Maßnahme negativ auf das physische Wohlbefinden zu T4.

Tabelle 19 gibt die Vorhersagemodelle für die Subskala »Psychisches Wohlbefinden« des WHOQOL-BREF-Fragebogens wieder. Ein positives psychisches Wohlbefinden bei Eintritt in die Maßnahme wurde durch eine geringe depressions- und angstbezogene Symptomatik, hohe Extraversion, geringe Negativsymptomatik und niedrigen Neurotizismus vorhergesagt. Eine positive Veränderung im Laufe der Rehabilitation trat bei einem Rückgang der depressions- und angstbezogenen Symptomatik und guten Aufmerksamkeitsleistungen auf. Bei Austritt aus der Maßnahme wiesen folglich Personen mit niedriger depressions- und angstbezogener Symptomatik und einem diesbezüglichen weiteren Rückgang, guter prämorbider Anpassung und Aufmerksamkeit sowie reduzierten allgemeinen Symptomen ein gutes psychisches Wohlbefinden auf.

Im Katamnesezeitraum verbesserte sich das psychische Wohlbefinden bei Personen, deren depressions- und angstbezogene Symptomatik sich während der Maßnahme verstärkte, nach der Rehabilitation jedoch wieder sank. Niedrige Ausprägungen dieser Symptome bereits bei Maßnahmeantritt sowie eine Verminderung positiver und negativer Symptome führten ebenfalls zu einer Verbesserung des psychischen Wohlbefindens im Katamnesezeitraum. Zudem zeigte eine niedrige kristalline Intelligenz einen positiven Einfluss.

Eine hohe Ausprägung des psychischen Wohlbefindens zu T4 wiesen Personen mit höherer Leistungsmotivation, während und nach der Rehabilitation verminderter allgemeiner sowie depressions- und angstbezogener Symptomatik auf.

In Tabelle 20 finden sich die Vorhersagemodelle für die Subskala »Soziale Beziehungen« des WHOQOL-BREF-Fragebogens. Die Persönlichkeitsvariablen hohe Extraversion, hohe Verträglichkeit, niedriger Neurotizismus bei niedriger Offenheit prädizierten die Qualität sozialer Beziehungen zu T1. Eine positive Entwicklung während der Rehabilitation zeigte sich bei Personen mit verminderter depressions- und angstbezogener und allgemeiner Symptomatik und niedrigem Neurotizismus. Die Zunahme negativer Symptome wirkte sich positiv aus. Zu T3 verfügten Personen mit verminderter allgemeiner Symptomatik, niedrigem Neurotizismus und hoher Verträglichkeit über positivere soziale Beziehungen. Im Katamnesezeitraum konnten vorrangig leistungsmotivierte weibliche Teilnehmer mit niedrigen negativen Symptomen und einer verminderten depressions- und angstbezogenen Symptomatik die Qualität ihrer sozialen Beziehungen verbes-

Tab. 19: Schrittweise Regressionsmodelle für die Subskala »Psychisches Wohlbefinden« des WHOQOL-BREF zu T1, Veränderungen von T1–T3, Werte zu T3, Veränderungen von T3 zu T4 sowie die Werte zu T4

T	Eingeschlossene Prädiktorvariablen	β (p)	Kumuliertes korrigiertes R²
T1	HADS-D depressive und angstbezogene Symptomatik zu T1	-0,466 (<0,001)	0,552
	NEO-FFI Extraversion	0,262 (<0,001)	0,651
	PANSS negative Symptome zu T1	-0,184 (0,001)	0,678
	NEO-FFI Neurotizismus	-0,225 (0,001)	0,707
Residuen T1–T3	HADS-D Veränderung depressiver und angstbezogener Symptomatik von T1 zu T3	-0,699 (<0,001)	0,542
	LPS Aufmerksamkeit	0,202 (0,002)	0,578
T3	HADS-D Veränderung depressiver und angstbezogener Symptomatik von T1 zu T3	-0,593 (<0,001)	0,460
	HADS-D depressive und angstbezogene Symptomatik zu T1	-0,341 (<0,001)	0,626
	PAS Summenscore	-0,209 (<0,001)	0,670
	LPS Aufmerksamkeit	0,140 (0,012)	0,686
	PANSS Veränderung der negativen Symptome von T1 zu T3	0,128 (0,016)	0,698
	PANSS Veränderung der allgemeinen Symptome von T1 zu T3	-0,238 (0,001)	0,710
	PANSS Veränderung der positiven Symptome von T1 zu T3	-0,183 (0,006)	0,729
Residuen T3–T4	HADS-D Veränderung depressiver und angstbezogener Symptomatik von T3 zu T4	-0,913 (<0,001)	0,235
	HADS-D depressive und angstbezogene Symptomatik zu T1	0,561 (<0,001)	0,356
	HADS-D Veränderung depressiver und angstbezogener Symptomatik von T1 zu T3	-0,225 (0,006)	0,416
	LPS kristalline Intelligenz	-0,239 (0,001)	0,447
	PANSS Veränderung der positiven Symptome von T1 zu T3	-0,177 (0,016)	0,482
	PANSS negative Symptome zu T1	-0,151 (0,043)	0,498
T4	LMI Summenscore	0,153 (0,026)	0,207
	PANSS Veränderung der allgemeinen Symptome von T1 zu T3	-0,291 (<0,001)	0,372
	PANSS Veränderung der allgemeinen Symptome von T3 zu T4	-0,199 (0,006)	0,476
	HADS-D Veränderung depressiver und angstbezogener Symptomatik von T3 zu T4	-0,458 (<0,001)	0,532
	HADS-D Veränderung depressiver und angstbezogener Symptomatik von T1 zu T3	-0,441 (<0,001)	0,632
	PANSS Veränderung der negativen Symptome von T1 zu T3	0,174 (0,004)	0,658

Anmerkung: β: standardisierter Regressionskoeffizient; (p): Irrtumswahrscheinlichkeit für β; Kumuliertes korrigiertes R²: Varianzaufklärung für die jeweilig schrittweise eingeschlossene Variable inklusive eingeschlossener Prädiktoren vorangegangener Schritte

Tab. 20: Schrittweise Regressionsmodelle für die Subskala »Soziale Beziehungen« des WHOQOL-BREF zu T1, Veränderungen von T1–T3, Werte zu T3, Veränderungen von T3 zu T4 sowie die Werte zu T4

T	Eingeschlossene Prädiktorvariablen	β (p)	Kumuliertes korrigiertes R²
T1	NEO-FFI Extraversion	0,332 (0,001)	0,142
	NEO-FFI Verträglichkeit	0,377 (<0,001)	0,260
	NEO-FFI Neurotizismus	-0,237 (0,012)	0,293
	NEO-FFI Offenheit	-0,198 (0,025)	0,321
Residuen T1–T3	HADS-D Veränderung depressiver und angstbezogener Symptomatik von T1 zu T3	-0,296 (0,001)	0,151
	PANSS Veränderung der allgemeinen Symptome von T1 zu T3	-0,300 (0,001)	0,213
	PANSS Veränderung der negativen Symptome von T1 zu T3	0,242 (0,005)	0,264
	NEO-FFI Neurotizismus	-0,173 (0,043)	0,287
T3	PANSS Veränderung der allgemeinen Symptome von T1 zu T3	-0,379 (<0,001)	0,182
	NEO-FFI Neurotizismus	-0,370 (<0,001)	0,318
	NEO-FFI Verträglichkeit	0,191 (0,018)	0,348
Residuen T3–T4	LMI Summenscore	0,266 (0,002)	0,132
	Geschlecht (w=1/m=2)	-0,265 (0,001)	0,195
	LPS kristalline Intelligenz	-0,315 (<0,001)	0,249
	PANSS negative Symptome zu T1	-0,291 (0,001)	0,325
	HADS-D Veränderung depressiver und angstbezogener Symptomatik von T3 zu T4	-0,179 (0,037)	0,347
T4	NEO-FFI Extraversion	0,284 (0,003)	0,203
	PANSS Veränderung der allgemeinen Symptome von T1 zu T3	-0,302 (<0,001)	0,281
	NEO-FFI Verträglichkeit	0,189 (0,016)	0,339
	LMI Summenscore	0,281 (0,004)	0,375
	Alter	-0,159 (0,036)	0,397
	PANSS Veränderung der negativen Symptome von T1 zu T3	0,170 (0,025)	0,417
	Geschlecht (w=1/m=2)	-0,169 (0,028)	0,440

Anmerkung: β: standardisierter Regressionskoeffizient; (p): Irrtumswahrscheinlichkeit für β; Kumuliertes korrigiertes R²: Varianzaufklärung für die jeweilig schrittweise eingeschlossene Variable inklusive eingeschlossener Prädiktoren vorangegangener Schritte

sern. Zu T4 wiesen Personen mit hoher Extraversion, im Laufe der Maßnahme verbesserter allgemeiner Symptomatik, hoher Verträglichkeit und Leistungsmotivation sowie niedrigem Alter bei weiblichem Geschlecht eine hohe Qualität sozialer Beziehungen auf. Wiederum wirkte eine verstärkte Negativsymptomatik förderlich auf die selbst eingeschätzte Qualität sozialer Beziehungen.

In Tabelle 21 sind die Regressionsmodelle für die Subskala »Umwelt« des WHOQOL-BREF-Fragebogens abgebildet.

Personen mit guter prämorbider Anpassung, geringer Arbeitslosigkeit vor Rehabilitation und niedriger angst- und depressionsbezogener Symptomatik wiesen bei Eintritt in die Maßnahme eine hohe umweltbezogene Lebensqualität auf. Eine diesbezügliche Verbesserung im Laufe der Rehabilitation fand sich bei Personen mit reduzierter angst- und depressionsbezogener Symptomatik und hoher Gewissenhaftigkeit. Die Qualität der Umwelt zu T3 wurde durch eine geringe bzw. reduzierte angst- und depressionsbezogene Symptomatik, eine hohe Schulausbildung und Gewissenhaftigkeit vorhergesagt. Die Veränderung im Katamnesezeitraum wurde durch eine während und nach der Maßnahme reduzierte angst- und depressionsbezogene Symptomatik bei hoher Initialausprägung dieser und negativer Symptome prädiziert. Die Reduktion angst- und depressionsbezogener Symptomatik während und nach der Rehabilitation, eine kurze Dauer der vorrehabilitativen Arbeitslosigkeit und eine gute prämorbide Anpassung sagten eine hohe umweltbezogene Lebensqualität zu T4 vorher.

4.4.4 Subjektive Erfolgsparameter – Bedürfnislage

In Tabelle 22 werden die Vorhersagemodelle für die Summenskala des BeBI-Interviews für N = 106 Teilnehmer bei Eintritt in die Rehabilitation (T1), die Veränderung im Laufe der Rehabilitation (Residuen T1–T3), für die Ausprägungen bei Austritt aus der Maßname (T3), die Veränderung im Katamnesezeitraum (Residuen T3-T4) sowie die Ausprägung zum Katamnesezeitpunkt (T4) abgebildet. Eine hohe Anzahl von Lebensbereichen, in denen zu T1 subjektiver Hilfebedarf bestand, wurde durch eine niedrige prämorbide Anpassung, eine hohe Belastung mit positiven (produktiv-psychotischen) Symptomen sowie eine lange Schulausbildung prädiziert. Personen mit einer im Laufe der Rehabilitation verstärkten depressions- und angstbezogenen Symptomatik wiesen auch eine Zunahme subjektiver Bedürfnisse auf. Bei Austritt aus der Rehabilitation ließ sich eine hohe Anzahl subjektiver Bedürfnisse wiederum durch eine schlechte prämorbide Anpassung, eine verstärkte depressions- und angstbezogene Symptomatik, und eine hohe Belastung mit positiven Symptomen vorhersagen. Eine niedrige Negativsymptomatik führte ebenfalls zu einer hohen Anzahl subjektiver Bedürfnisse zu T3.

Tab. 21: Schrittweise Regressionsmodelle für die Subskala »Umwelt« des WHOQOL-BREF zu T1, Veränderungen von T1–T3, Werte zu T3, Veränderungen von T3 zu T4 sowie die Werte zu T4

T	Eingeschlossene Prädiktorvariablen	β (p)	Kumuliertes korrigiertes R²
T1	PAS Summenscore	-0,278 (0,003)	0,095
	Dauer der vorrehabilitativen Arbeitslosigkeit (Monate)	-0,309 (0,001)	0,179
	HADS-D depressive und angstbezogene Symptomatik zu T1	-0,215 (0,022)	0,213
Residuen T1–T3	HADS-D Veränderung depressiver und angstbezogener Symptomatik von T1 zu T3	-0,327 (<0,001)	0,134
	NEO-FFI Gewissenhaftigkeit	0,275 (0,002)	0,201
T3	HADS-D Veränderung depressiver und angstbezogener Symptomatik von T1 zu T3	-0,341 (<0,001)	0,150
	HADS-D depressive und angstbezogene Symptomatik zu T1	-0,245 (0,006)	0,236
	Dauer der Schulausbildung (Jahre)	0,192 (0,023)	0,270
	NEO-FFI Gewissenhaftigkeit	0,184 (0,039)	0,293
Residuen T3–T4	HADS-D Veränderung depressiver und angstbezogener Symptomatik von T3 zu T4	-0,895 (<0,001)	0,144
	HADS-D Veränderung depressiver und angstbezogener Symptomatik von T1 zu T3	-0,492 (<0,001)	0,208
	HADS-D depressive und angstbezogene Symptomatik zu T1	0,468 (<0,001)	0,291
	PANSS Veränderung der negativen Symptome von T1 zu T3	0,222 (0,012)	0,327
T4	HADS-D Veränderung depressiver und angstbezogener Symptomatik von T3 zu T4	-0,468 (<0,001)	0,116
	HADS-D Veränderung depressiver und angstbezogener Symptomatik von T1 zu T3	-0,451 (<0,001)	0,330
	Dauer der vorrehabilitativen Arbeitslosigkeit	-0,194 (0,016)	0,351
	PAS Summenscore	-0,190 (0,023)	0,378

Anmerkung: β: standardisierter Regressionskoeffizient; (p): Irrtumswahrscheinlichkeit für β; Kumuliertes korrigiertes R²: Varianzaufklärung für die jeweilig schrittweise eingeschlossene Variable inklusive eingeschlossener Prädiktoren vorangegangener Schritte

Tab. 22: Schrittweise Regressionsmodelle für die Summenskala BeBI zu T1, Veränderungen von T1–3, Werte zu T3, Veränderungen von T3 zu T4 sowie die Werte zu T4

T	Eingeschlossene Prädiktorvariablen	β (p)	Kumuliertes korrigiertes R^2
T1	PAS Summenscore	0,479 (<0,001)	0,236
	PANSS positive Symptome zu T1	0,305 (<0,001)	0,314
	Dauer der Schulausbildung (Jahre)	0,259 (0,002)	0,372
Residuen T1–T3	HADS-D Veränderung depressiver und angstbezogener Symptomatik von T1 zu T3	0,305 (0,001)	0,084
T3	PAS Summenscore	0,348 (<0,001)	0,162
	HADS-D Veränderung depressiver und angstbezogener Symptomatik von T1 zu T3	0,358 (<0,001)	0,271
	PANSS positive Symptome zu T1	0,352 (<0,001)	0,357
	PANSS negative Symptome zu T1	-0,176 (<0,047)	0,376
Residuen T3–T4	HADS-D Veränderung depressiver und angstbezogener Symptomatik von T3 zu T4	0,446 (<0,001)	0,176
	PANSS Veränderung der allgemeinen Symptome von T1 zu T3	0,213 (0,012)	0,248
	LPS Aufmerksamkeit	-0,236 (0,006)	0,289
	Abgeschlossene Berufsausbildung	0,191 (0,020)	0,320
T4	PAS Summenscore	0,387 (<0,001)	0,219
	PANSS Veränderung der allgemeinen Symptome von T1 zu T3	0,340 (<0,001)	0,330
	HADS-D depressive und angstbezogene Symptomatik zu T1	0,209 (0,009)	0,374
	Dauer der Schulausbildung	0,230 (0,004)	0,399
	LPS Aufmerksamkeit	-0,169 (0,036)	0,420
	Dauer der vorrehabilitativen Arbeitstätigkeit	0,159 (0,041)	0,438

Anmerkung: β: standardisierter Regressionskoeffizient; (p): Irrtumswahrscheinlichkeit für β; Kumuliertes korrigiertes R^2: Varianzaufklärung für die jeweilig schrittweise eingeschlossene Variable inklusive eingeschlossener Prädiktoren vorangegangener Schritte

Im Katamnesezeitraum sagte eine Zunahme der depressions- und angstbezogenen sowie der allgemeinen Symptomatik, eine schlechte Aufmerksamkeitsleistung sowie eine abgeschlossene Berufsausbildung eine Zunahme der subjektiven Bedürfnisse vorher. Eine hohe Ausprägung zu T4 wurde wieder durch eine niedrige prämorbide Anpassung, die Zunahme allgemeiner und depressions- und angstbezogener Symptome, eine hohe schulische Ausbildung und längere Arbeitstätigkeit vor Rehabilitation bei niedriger Aufmerksamkeit prädiziert.

4.4.5 Wiedereingliederung

In Tabelle 23 finden sich das schrittweise binär logistische Vorhersagemodell für die erzielte Wiedereingliederung zu T4 für N = 106 Teilnehmer. Eine Integration umfasst die Aufnahme einer Beschäftigung oder Ausbildung auf dem allgemeinen bzw. geschützten Arbeitsmarkt inklusive einer weiteren beruflichen Rehabilitation (n = 42). Als nicht integriert werden Personen betrachtet, die in Beschäftigungslosigkeit zurückkehrten bzw. vorzeitig berentet wurden (n = 64).

Tab. 23: Binär logistisches Regressionsmodell (schrittweise) für die zu T4 erzielte Wiedereingliederungsquote für n = 106 Teilnehmer

Prädiktoren	B	SE	Exp (B) (95 % KI)	p	kumuliertes Cox & Snell R^2
Dauer der vorrehabilitativen Arbeitslosigkeit	-0,018	0,006	0,982 (0,970 – 0,994)	0,003	0,079
NEO-FFI Neurotizismus	-0,918	0,356	0,399 (0,199 – 0,803)	0,010	0,139
NEO-FFI Gewissenhaftigkeit	-0,969	0,477	0,379 (0,149 – 0,967)	0,042	0,191
O-AFP Fähigkeit zur sozialen Kommunikation	0,177	0,064	1,194 (1,053 – 1,353)	0,006	0,223

Anmerkung: B: unstandardisierter Regressionskoeffizient; SE: Standardfehler von B; Exp (B): standardisierter, logistischer Regressionskoeffizient mit 95%igem Konfidenzintervall; p: Irrtumswahrscheinlichkeit von Exp (B); Kumuliertes Cox & Snell R^2: Varianzaufklärung für die jeweilig schrittweise eingeschlossene Variable inklusive eingeschlossener Prädiktoren vorangegangener Schritte

Für eine Wiedereingliederung in den allgemeinen oder geschützten Arbeitsmarkt bzw. eine Vermittlung in eine weitere Maßnahme zur beruflichen Rehabilitation erwiesen sich eine kurze Arbeitslosigkeitsdauer vor der Maßnahme, niedrige Neurotizismus- und Gewissenhaftigkeitswerte sowie gute arbeitsbezogene Fähigkeiten zur sozialen Kommunikation als prädiktiv.

4.4.6 Zusammenfassung der Regressionsergebnisse

In Tabelle 24 werden die Ergebnisse der linearen Regressionsmodelle für die bedeutsamsten Ergebniskriterien zusammengefasst und einander gegenübergestellt. Es werden die folgenden Ergebniskriterien betrachtet: die Erfolgsdomäne der Arbeitsfähigkeiten wird durch die O-AFP-Gesamtskala repräsentiert. Das Funktionsniveau wird durch die SOFAS wiedergegeben. Als subjektives Outcome-Maß wird die WHOQOL-Skala »Psychisches Wohlbefinden« genutzt. Dabei werden positive Wirkrichtungen jeweils mit einem »+« gekennzeichnet, negative Wirkrichtungen mit einem »-«. Die Befunde des binär logistischen Regressionsmodells werden unter Verzicht der Darstellung der Arbeitsfähigkeiten als Prädiktormaße integriert.

Tab. 24: Zusammenfassung der Regressionsergebnisse bezüglich O-AFP Gesamtskala, SOFAS, WHOQOL-BREF »psychisches Wohlbefinden« und Wiedereingliederung

		O-AFP Gesamtskala			SOFAS					WHOQOL-BREF psychisches Wohlbefinden					Reintegration
	Prädiktoren	T1	T1–T3	T3	T1	T1–T3	T3	T3–T4	T4	T1	T1–T3	T3	T3–T4	T4	T4
Persönlichkeit	Arbeitslosigkeit														
	Neurotizismus														-
	Extraversion	+								+					
	Offenheit									-					-
	Gewissenhaftigkeit														
	Verträglichkeit														
	LMI													+	
Intelligenz	Kristalline Intelligenz											-			
	Fluide Intelligenz	+										+	-		
	Aufmerksamkeit										+				
Erkrankung	PAS Summenscore						-			-					
	Diagnose F2	-													
	Diagnose F3														
	andere Diagnose														
Symptome T1	PANSS positiv					-							+	+	
	PANSS negativ		-	-	-	-	-					-	-	-	
	PANSS allgemein					-						+			
	HADS-D											-			
Veränderung T1–T3	PANSS positiv														
	PANSS negativ														
	PANSS allgemein														
	HADS-D														
Veränderung T3–T4	PANSS positiv							-							
	PANSS negativ							-					-	-	
	PANSS allgemein							-	-						
	HADS-D								-				-	-	

5 Diskussion und Ausblick

Im Rahmen der vorliegenden kontrollierten prospektiven Vergleichsstudie in zwei Einrichtungen der beruflichen Rehabilitation und Integration psychisch Kranker sollten longitudinale Effekte der Teilnahme an Rehabilitations- und Integrationsmaßnahmen auf die Teilnehmer im Vergleich zu einer Gruppe ohne entsprechendes Rehabilitations- bzw. Integrationsangebot untersucht werden. Dabei wurde Rehabilitationserfolg mehrdimensional anhand einer erfolgreichen Wiedereingliederung ins Berufsleben bzw. einem Fortschritt auf der Achse des Arbeitsmilieus, einer Verbesserung des Funktionsniveaus und der Arbeitsfähigkeiten sowie anhand subjektiver Evaluationskriterien wie der Lebensqualität und der subjektiven Bedürfnislage operationalisiert.

Darüber hinaus sollten Prädiktoren problematischer und günstiger Rehabilitationsverläufe identifiziert werden. Der Vergleich zwischen Rehabilitationsgruppe und Vergleichsgruppe kann zudem Aufschluss darüber liefern, in welchen Variablen sich Personen mit und ohne Rehabilitationsangebot unterscheiden.

5.1 Methodenkritik

Vor der Diskussion und Integration der Befunde ist es notwendig, einige methodenkritische Anmerkungen vorzunehmen.

Zunächst ist anzumerken, dass in der vorliegenden Arbeit kein randomisiertes und plazebo- (bzw. Wartelisten-)kontrolliertes Design realisiert werden konnte, das zur Evaluation beruflicher Rehabilitation psychisch Kranker den optimalen Untersuchungsansatz repräsentiert hätte (BRIEGER & KIRSCHENBAUER 2004; KALLERT 2005; KALLERT et al. 2005). Da mittel- bis langfristig beobachtbare Effekte untersucht wurden und die Rehabilitation in außerstationären Einrichtungen mit komplexen, oft auf den Einzelfall bezogenen Finanzierungen mit in vielen Fällen längerfristigen Antrags- und Vorbereitungsphasen durchgeführt wird, war ein solches Design – vor allem aus sozialrechtlichen Gründen – nicht umsetzbar. Eine randomisierte Zuweisung zur Rehabilitation hätte für die Probanden der Vergleichsgruppe in einem Ausschluss aus der beruflichen Rehabilitation für die Dauer der Untersuchung resultiert und diesen Personen somit einen wichtigen Aspekt psychiatrisch-rehabilitativer Versorgung vorenthalten.

Um dieser Einschränkung des methodischen Standards entgegenzuwirken, wurde zunächst ein Untersuchungsdesign angestrebt, in dem eine Gruppe psychisch Kranker, für die eine Zuweisung zur Rehabilitation vorlag, einer möglichst vergleichbaren Gruppe psychisch Kranker ohne Rehabilitationsangebot gegenübergestellt werden sollte. Als relevante Matching-Parameter zur Zuordnung einer nicht rehabilitierten »Vergleichsperson« zu jedem Rehabilitanden wurden Alter, Geschlecht und Art der psychischen Erkrankung ausgewählt. Zudem sollten potenzielle Probanden der Vergleichsgruppe in der Region ansässig sein, derzeit keiner Berufstätigkeit nachgehen, aktuell keine stationäre Akutversorgung in Anspruch nehmen, weder aktuell noch früher an einer beruflichen Rehabilitations- bzw. Integrationsmaßnahme teilgenommen haben und nicht vorzeitig aufgrund einer psychischen Erkrankung berentet sein. Als Auswertungsmethode wurden Gruppenvergleiche für abhängige Stichproben angestrebt. Jedoch gestaltete sich die Rekrutierung der nicht rehabilitierten Vergleichsgruppe schwieriger als zunächst angenommen. Zwar konnte eine große Anzahl potenziell geeigneter Probanden aus dem Patientenpool der Klinik und Poliklinik für Psychiatrie und Psychotherapie sowie durch Aushänge bei niedergelassenen Fachärzten und Psychologen bzw. psychosozialen Einrichtungen identifiziert werden. Aufgrund der Vielzahl von Ausschlusskriterien reduzierte sich die Probandenzahl der Vergleichsstichprobe jedoch deutlich. Da beide Stichproben folglich nicht über die gleiche Fallzahl verfügten, wurde die zunächst angestrebte Datenanalyse mittels Matched-Pairs-Technik zugunsten eines Vergleichs unabhängiger, wenn auch parallelisierter Stichproben aufgegeben.

Eine weitere methodische Einschränkung liegt in der unterschiedlichen Anzahl der Erhebungszeitpunkte für die beiden Gruppen begründet. Während die Rehabilitationsgruppe zu vier Zeitpunkten – zu Beginn, während, zum Abschluss und neun Monate nach der Rehabilitation – untersucht wurde, wurde die Vergleichsgruppe aus studienökonomischen Gründen lediglich zu zwei Zeitpunkten im Abstand von neun Monaten befragt. Die Einschlussuntersuchung der Vergleichsgruppe wurde nunmehr sowohl mit der Eingangsuntersuchung der Rehabilitationsgruppe als auch mit deren Entlassuntersuchung aus der Maßnahme in Relation gesetzt. Lediglich die Katamneseuntersuchungen beider Gruppen stellen parallele Messzeitpunkte dar. Dieses Vorgehen impliziert, dass eine relevante Veränderung der Outcomeparameter in der Rehabilitationsgruppe während der Maßnahme erwartet wird, während für die Vergleichsgruppe eine Stagnation der subjektiven und Funktionsmaße in der Zeit ohne Versorgungsangebot angenommen wird. Dieser Ansatz vernachlässigt, dass bei identischer Studiendauer für beide Gruppen Spontanveränderungen in den relevanten Ergebniskriterien auch in der Vergleichsgruppe hätten auftreten können.

Die Gegenüberstellung der Merkmalsausprägungen der Rehabilitations- und Vergleichsgruppe zu T1 klärt zum einen, ob beide Gruppen bezüglich der Matching-Variablen tatsächlich über vergleichbare Ausgangspositionen verfügen, soll aber auch Aufschluss darüber geben, welche Personen in die Rehabilitation gelangen und welchen Personen ein solches Angebot bislang nicht unterbreitet wurde. Die Vergleiche zwischen Studieneintrittsuntersuchung der Vergleichsgruppe (T1) und Entlassuntersuchung der Rehabilitationsgruppe (T3) stellen nun das durch die Rehabilitation erzielte Niveau der Ergebniskriterien den als unverändert angenommen Werten der Vergleichsgruppe gegenüber. Der Vergleich der beiden katamnestischen Untersuchungen bestimmt darüber hinaus die Nachhaltigkeit der Effekte.

Von 157 Rehabilitanden, die die Maßnahme angetreten hatten, wurden 123 in die Studie eingeschlossen (78,3 %). 106 Probanden (67,5 % aller Maßnahmeteilnehmer bzw. 86,2 % der Studienteilnehmer) verblieben bis zur Katamneseuntersuchung in der Studie. Damit sind Rekrutierungs- und Haltequoten insgesamt als gut einzuschätzen. Frauen waren in der Stichprobe tendenziell überrepräsentiert, die Teilnehmer waren eher jung mit im Mittel durchschnittlichem Bildungshintergrund. Es lag eine große diagnostische Heterogenität über das gesamte Spektrum psychischer Erkrankungen exklusive organisch psychischer Störungen und Suchterkrankungen vor.

Natürlich beruhen die Ergebnisse auf einer Datenbasis aus nur zwei spezifischen Rehabilitations- bzw. Integrationsangeboten in einer geografisch umgrenzten Region. Mit Blick auf die Zielstellung einer Rückführung in berufliche Beschäftigung bzw. Ausbildung und Umschulung bieten die RPK Sachsen-Anhalt und die TSE Rehabilitations- und Integrationsaspekte an, die lediglich einen Teil der Versorgungsrealität in Deutschland abbilden (ALBRECHT & BRAMESFELD 2004; WEIG & SCHELL 2005). Dementsprechend mögen die Befunde für die Klientel der untersuchten Versorgungsformen auch auf nachkommende Kohorten übertragbar sein, eine Generalisierung der Befunde auf Rehabilitanden anderer Ansätze der beruflichen Rehabilitation psychisch Kranker und Stichproben mit abweichenden demografischen Merkmalen kann jedoch nur mit der gebotenen Vorsicht erfolgen. Hinsichtlich der untersuchten unabhängigen Variablen ist eine unterschiedliche Datenstruktur festzustellen. So flossen neben objektiven Lebensdaten (Schulbildung, Berufserfahrung) Ratingskalen zur Beurteilung der jeweils aktuellen Psychopathologie, Tests und Fragebogenmaße in die Analysen ein. Während die objektiven Lebensdaten als wenig verfälschbar angenommen werden können, lassen sich Fehlereinflüsse bei der Symptombewertung sowie Umgebungseinflüsse bei den Tests und Fragebögen auch bei jeweils hohen Reliabilitätskennwerten nicht ausschließen. Eine unterschiedliche Güte der Vorhersageleistungen dieser Prädiktoren kann dementsprechend schon allein in ihrer Datenqualität begründet sein. Auf der Seite der abhängigen Variablen zeigen sich analoge Unterschiede in der Datenbeschaffenheit. Einerseits kamen Ratings der Leistungsfähigkeit der Probanden sowie ein Fragebogen zum Einsatz, andererseits eher objektive Ergebniskriterien wie das erzielte Wiedereingliederungsniveau im Katamnesezeitraum.

Insbesondere für die selbstberichteten subjektiven Ergebnismaße muss von einem »Rehabilitationserwartungseffekt« ausgegangen werden. Dieser kann sich dadurch auswirken, dass sich allein eine Zuweisung zu einem Rehabilitationsprogramm und die daraus folgenden Erwartungen auf subjektive Parameter (subjektives Wohlbefinden, berichtete Bedürfnislage) auswirken (TEICHMANN 2002). Vor diesem Hintergrund müssen die Befunde initial unterschiedlicher subjektiver Ergebnismaße in der Rehabilitations- und Vergleichsgruppe interpretiert werden. In der vorgelegten Untersuchung wurden die Rehabilitanden erst untersucht, nachdem sie in die Maßnahme eingeschlossen wurden. Das hatte absehbare Auswirkungen auf das Befinden, auf Erwartungen und Bedürfnisse.

Bezüglich der regressionsanalytischen Auswertungen müssen folgende Einschränkungen deutlich herausgehoben werden: Es kann nicht von einer Vollständigkeit der eingesetzten Prädiktorvariablen ausgegangen werden, da lediglich eine Auswahl potenzieller Prädiktoren zum Einsatz kam. So wurden z. B. Kontrollüberzeugungen, die sich bei HOFFMANN et al. (2003) als prognostisch valide Parameter erwiesen, nicht berücksichtigt. In den letzten Jahren wurde wiederholt auf die Bedeutung kognitiver Leistungsparameter für den Rehabilitationserfolg hingewiesen (WATZKE & BRIEGER 2004). Mehrere methodisch anspruchsvolle Studien (BELLACK, GOLD & BUCHANAN 1999; GOLD, GOLDBERG, MCNARY, DIXON & LEHMAN 2002; LYSAKER, BELL, ZITO & BIOTY 1995) zeigten einen engen Zusammenhang zwischen Rehabilitationserfolg und neurokognitiven Defiziten. MCGURK und MELTZER (2000) fanden sogar, dass kognitive Variablen am stärksten zwischen Patienten diskriminierten, die voll-, teilzeitbeschäftigt oder arbeitslos waren. In der vorliegenden Untersuchung waren Variablen kognitiver Leistungsfähigkeit jedoch lediglich durch Maße der fluiden Intelligenz und Aufmerksamkeit (LPS) repräsentiert.

Zugleich mag man diskutieren, ob in dieser Untersuchung eine zu große Zahl von Outcomekriterien parallel angewandt wurden. KALLERT (2005) verwies in einem Editorial darauf, dass es ein etabliertes Prinzip guter Versorgungsforschung sei, nicht mehr als zwei Outcomekriterien in einer Studie zu definieren und zu untersuchen. Warum hier mehr Outcomekriterien Anwendung fanden, haben wir im Abschnitt 2.5 (S. 24 ff.) hergeleitet und begründet: Das Konstrukt »Rehabilitationserfolg« ist nämlich zu wenig klar definiert, als dass es in einem umfangreichen Forschungsprojekt mit nur einem oder zwei Erfolgskriterien ausreichend dargestellt werden könnte. Hier zeigt sich ein explorativer Aspekt der Studie.

Trotz all dieser Einschränkungen muss hervorgehoben werden, dass die Untersuchung wohl die bis dato erste im deutschsprachigen Raum publizierte Studie zur beruflichen Rehabilitation psychisch Kranker mit kontrolliertem Design ist (KALLERT et al. 2005).

5.2 Diskussion der Befunde und Ausblick

Zur Beantwortung der Hauptfragestellung nach Effekten der beruflichen Rehabilitation/Integration psychisch Kranker bedarf es zunächst der Klärung, ob Rehabilitations- und Vergleichsgruppe über einen vergleichbaren Hintergrund hinsichtlich wesentlicher soziodemografischer und erkrankungsbezogener Parameter verfügen. Es zeigte sich, dass weder in der Geschlechterverteilung noch in der Alterstruktur, dem Zivilstand und der Wohnsituation der beiden untersuchten Teilstichproben signifikante Unterschiede auftraten.

Auch bezüglich des Erkrankungshintergrundes sind beide Gruppen weitestgehend vergleichbar, jedoch findet sich in der Vergleichsgruppe etwas häufiger die Diagnose einer Angst- oder Zwangsstörung. Beide Gruppen unterscheiden sich nicht hinsichtlich des Anteils mit bisheriger voll- oder teilstationärer psychiatrischer Versorgung, jedoch war ein größerer Anteil der Vergleichsstichprobe bislang in ambulanter psychiatrischer oder psychologischer Behandlung. Dieser Befund war angesichts der Rekrutierungsmethode der Vergleichsgruppe zu erwarten: Es waren vorrangig aktuelle oder frühere Patienten der psychiatrischen Ambulanz der Universität Halle-Wittenberg oder niedergelassener Nervenärzte in die Studie eingeschlossen worden (siehe Abschnitt 3.7.2).

Beide Gruppen unterschieden sich bei Studieneintritt nicht hinsichtlich ihres Funktionsniveaus. Somit kann von einer Vergleichbarkeit der Rehabilitations- und Vergleichsgruppe hinsichtlich der intendierten Matching-Variablen ausgegangen werden. Jedoch fanden sich im Zuge der Untersuchung durchaus Unterschiede zwischen den Gruppen: So etwa hinsichtlich der prämorbiden Anpassung, der Intelligenz und der Dauer früherer Beschäftigungslosigkeit. In all diesen Aspekten hatte die Rehabilitationsgruppe ungünstigere Ausprägungen (vgl. 5.2.3).

5.2.1 Welche Effekte haben die Maßnahmen der beruflichen Rehabilitation bzw. Integration auf die Teilnehmer im Vergleich zu einer Vergleichsgruppe?

Zur Ermittlung der Effekte der beruflichen Rehabilitation bzw. Integration werden im Folgenden die Verläufe der Ergebnisparameter besprochen.

- Zunächst erfolgt dabei eine Betrachtung der Ergebnisparameter, die lediglich in der Rehabilitationsgruppe erhoben wurden: Arbeitsfähigkeiten und die individuellen Zufriedenheitswerte der Visuell-Analog-Skala.
- Anschließend werden die Verläufe der Symptommaße und derjenigen Erfolgsparameter diskutiert, die in beiden Untersuchungsgruppen erfasst werden konnten. Besonderes Augenmerk soll dabei auf die Vergleiche der Ausgangsniveaus beider Gruppen (Vergleich $T1_{\text{Reha-Gruppe}}$ vs. $T1_{\text{Vergleichsgruppe}}$), den Vergleich

der Messwerte der Rehabilitationsgruppe nach Abschluss der Maßnahme mit den Messwerten der Vergleichsgruppe ohne Rehabilitation (Vergleich $T3_{\text{Reha-Gruppe}}$ vs. $T1_{\text{Vergleichsgruppe}}$) und den Vergleich der Katamneseuntersuchungen beider Gruppen (Vergleich $T4_{\text{Reha-Gruppe}}$ vs. $T4_{\text{Vergleichsgruppe}}$) gelegt werden. Während die Betrachtung der Vergleiche $T1_{\text{Reha-Gruppe}}$ vs. $T1_{\text{Vergleichsgruppe}}$ Aufschluss über die Parallelität der untersuchten Probanden mit und ohne Rehabilitation geben, lassen sich aus den Vergleichen $T3_{\text{Reha-Gruppe}}$ vs. $T1_{\text{Vergleichsgruppe}}$ Informationen über die Effekte der Maßnahmen auf die untersuchten Erfolgskriterien gewinnen. Die Vergleiche der Katamneseuntersuchungen $T4_{\text{Reha-Gruppe}}$ vs. $T4_{\text{Vergleichsgruppe}}$ geben Aufschluss über die Nachhaltigkeit der Effekte über einen Nachuntersuchungszeitraum von neun Monaten.

5.2.1.1 Verläufe der Arbeitsfähigkeiten in der Rehabilitationsgruppe

Das zur Erhebung der Arbeitsfähigkeiten eingesetzte Beurteilungsprofil wies sehr gute interne Konsistenzen seiner Subskalen auf.

Die durchschnittlichen Skalenwerte wiesen zunächst auf ein Arbeitsfähigkeitenniveau in der Rehabilitationsgruppe hin, dass leicht unter einem dem allgemeinen Arbeitsmarkt angemessenen Leistungsvermögen angesiedelt ist. Lediglich für die arbeitsbezogene Anpassung fanden sich im Mittel durchschnittliche Fähigkeitsausprägungen.

Es zeigten sich deutliche Veränderungen der Arbeitsfähigkeiten über die Messzeitpunkte hinweg. Während sich die arbeitsbezogene Lernfähigkeit der Maßnahmenteilnehmer in der ersten Rehabilitationshälfte deutlich steigerte, wurden im zweiten Halbjahr wieder fallende Werte registriert.

Dieser Befund lässt sich dahingehend interpretieren, dass die Teilnehmer ihre Leistungen innerhalb der geschützten Bedingungen der Rehabilitationseinrichtung zunächst steigern konnten, die Aufnahme eines externen Praktikums im Sinne einer »Realitätsüberprüfung« jedoch im Mittel in einem leichten Rückgang der Fähigkeits*einschätzung* resultierte. Hier zeichnet sich ein Validitätsproblem des Osnabrücker Arbeitsfähigkeitenprofils ab. Dieses Instrument erfasst basale Arbeitsfähigkeiten bezogen auf die Leistungen, die zur Ausübung einer Tätigkeit auf dem ersten Arbeitsmarkt benötigt werden. In den untersuchten Einrichtungen wurden die Anforderungen aber im Verlauf der Maßnahme entsprechend dem individuellen Leistungsvermögen stufenweise qualitativ und quantitativ gesteigert und von entlastenden Angeboten in Richtung fördernder und aktivierender Inhalte verändert. Folglich stellt sich die Frage, ob bei einer Einschätzung des O-AFP zu unterschiedlichen Zeitpunkten innerhalb einer in ihren inhaltlichen Anforderungen anspruchsvoller werdenden Rehabilitation von einer Bewertung auf gleichen Grundlagen ausgegangen werden kann.

Dieses Problem wurde insbesondere bei den O-AFP-Subskalen »Fähigkeit zur sozialen Kommunikation« und »Anpassung« deutlich. Hier fand sich keine

Veränderung der Werte in der ersten Maßnahmenhälfte, gegen Ende der Rehabilitation sanken die Werte jedoch jeweils ab. Eine Erklärung ist, dass während des Verbleibs der Teilnehmer in der Rehabilitationseinrichtung eine sehr positive Bewertung ihrer tatsächlichen Fähigkeiten erfolgte, dann aber bei der Bewertung der Leistungen innerhalb eines externen Praktikums eine Korrektur dieser Beurteilung stattfand. Dies ist ein grundsätzliches Problem von Rehabilitationsmaßnahmen »klassischer« Konzeption (»first train, then place«): Die Fähigkeiten der Teilnehmer können unter »geschützten Bedingungen« überschätzt werden, was dann zu einer Überforderung in der realen Arbeitswelt führt. Dies kann sich demotivierend auswirken und die Betroffenen in ihrem Rehabilitationsprozess zurückwerfen. Deswegen müssen bereits während der Maßnahme strenge Beurteilungsmaßstäbe herangezogen werden, die es erlauben, individuelle Schwachstellen frühzeitig zu erkennen und regulierend auf diese einzugehen.

Fazit: Die Rehabilitationsmaßnahmen führten zu einer (initialen) Verbesserung der Arbeitsfähigkeiten, auch wenn in der Phase der Betriebspraktika die Arbeitsfähigkeiten wieder etwas niedriger eingeschätzt wurden, was aber wohl Folge eines veränderten Bezugsrahmens ist.

5.2.1.2 Individuelle Zufriedenheit anhand der Visuell-Analog-Skala

Die eingesetzte Visuell-Analog-Skala war nicht wie ursprünglich geplant auswertbar. Durch eine Datentransformation konnten die Entwicklungsverläufe der einzelnen Zufriedenheitswerte für fünf Bezugszeitpunkte im relativen Bezug zum Maßnahmenverlauf charakterisiert werden. Dabei zeigte sich keine Veränderung der Zufriedenheit mit den Angeboten der Einrichtung sowie mit der Betreuung durch die Mitarbeiter. Beide Items verliefen kontinuierlich auf einem leicht über der Skalenmitte liegenden Niveau. Ebenfalls auf mittlerem Niveau wurden die Zufriedenheit mit der eigenen Entwicklung in der Rehabilitation, mit der eigenen Leistungsfähigkeit und dem eigenen Befinden eingeschätzt. Jedoch ergaben sich hier deutliche Veränderungen der Einschätzungen über die Zeit.

Während sich die Zufriedenheit mit dem eigenen Befinden ab der Mitte der Maßnahme zum zweiten Drittel der Rehabilitation hin deutlich steigerte, nahm die Zufriedenheit mit der eigenen Leistungsfähigkeit erst ab dem zweiten Maßnahmedrittel bis zum Ende der Rehabilitation deutlich zu. Die globale Zufriedenheit mit der eigenen Entwicklung verbesserte sich schließlich gegen Ende der Rehabilitation. Diese Befunde deuten darauf hin, dass die subjektive Bewertung der Rehabilitationsmaßnahme und der Betreuung durch die Mitarbeiter der Einrichtungen durch die Probanden über die gesamte Rehabilitationsdauer hinweg auf eher positivem Niveau erfolgte, sich die auf die eigene Person gerichteten Urteile im Laufe der Zeit aber verbesserten. Insbesondere erscheint es bedeutsam, dass sich die Zufriedenheit mit dem eigenen Befinden offenbar als erster Wert positiv veränderte. Dies korrespondiert mit den Befunden zur Psychopathologie, wie im

Weiteren zu diskutieren sein wird. An diese subjektive Besserung des Befindens schloss sich eine Besserung der Zufriedenheit mit der eigenen Leistungsfähigkeit an, gegen Ende der Maßnahme erfolgte schließlich die Verbesserung der Bewertung der eigenen Entwicklung. Somit scheint sich eine Schlüsselfunktion der subjektiven Bewertung des psychischen Wohlbefindens abzuzeichnen, die in ihrer Folge zu einer positiveren Beurteilung eher funktionsbeschreibender Werte führt.

Fazit: Die Zufriedenheit mit den Maßnahmen war insgesamt hoch und nahm in deren Verlauf noch zu.

5.2.1.3 Symptomatologische Parameter

Das Ausmaß psychiatrischer Symptomatik wurde in der vorliegenden Arbeit sowohl mittels eines Rating-Instrumentes zur Psychopathologie (PANSS: positive, negative und allgemeine Symptome) wie auch mittels Selbsteinschätzung zu depressions- und angstbezogenen Symptomen (HADS) erhoben. Die eingesetzten Instrumente wiesen jeweils gute bis ausgezeichnete Reliabilitätskennwerte auf.

Bezüglich der positiven, negativen und allgemeinen Symptomatik gemäß der PANSS-Skala waren durchgehend geringe Symptomscores zu verzeichnen. Zu allen Messzeitpunkten lagen sämtliche Mittelwerte beider Gruppen unter einem Wert von 2, was bei einer 7-stufigen Likert-Skala, die bei 1 (»nicht vorhanden«) beginnt, weniger als der Ausprägung »sehr gering« entspricht. Dies war für die Skala der positiven Symptome, die produktiv-psychotische Symptomatik wie Wahn und Halluzinationen erfasst, zu erwarten, da es sich bei dem eingesetzten Untersuchungsinstrument um eine Skala zur Erfassung der Psychopathologie vorrangig für Personen mit schizophrenen Erkrankungen handelt, während sich die Untersuchungsgruppen aus diagnostisch heterogenen Populationen rekrutierte und akut psychotisch erkrankte Personen regelhaft nicht in die Rehabilitation aufgenommen werden. Dass auch die Skalen für negative und allgemeine Symptome geringe Werte aufwiesen, war weniger absehbar, mag aber vergleichbare Hintergründe haben. Auch wenn positive und allgemeine Symptomatik im Verlauf der Untersuchung statistisch signifikant zurückgingen, kann dem keine größere Bedeutung zugemessen werden: Eine Besserung von 0,1 oder 0,2 Punkten auf der PANSS-Skala bei einem Ausgangswert von unter 2 ist klinisch ohne größere Relevanz. Die Negativskala veränderte sich statistisch nicht, was bei den ausgesprochen geringen Werten nicht überraschen kann (Bodeneffekt).

Für die HADS-D wird im Allgemeinen sowohl für die Angst- als auch für die Depressionsskala ein Wert von 8 als Schwelle zum »leichten« Fall angesehen (CRAWFORD et al. 2001), bei 11 beginnt die mittelgradige und bei 16 die schwere Ausprägung. Bei Studieneinschluss wies die Rehabilitationsgruppe Durchschnittswerte von 9,1 (Angst) bzw. 7,4 (Depression) auf, bei der Vergleichsgruppe lagen diese bei 10,9 (Angst) bzw. 10,0 (Depression). Somit waren bei Studienaufnahme überwiegend klinisch relevante, aber leichtgradige Angst- und Depressionssymptome berichtet worden. Im Verlauf der Untersuchung reduzierten sich diese Werte um 10–15 %, wobei die Veränderung der Depressionswerte in der Rehabilitationsgruppe – wohl aufgrund eines Bodeneffektes – nur tendenziell Signifikanz erlangte, die anderen Veränderungen waren signifikant. Beständig zeigte die Rehabilitationsgruppe niedrigere Angst- und Depressionswerte als die Vergleichsgruppe. Hier ist initial ein Rehabilitationserwartungseffekt zu diskutieren (TEICHMANN 2002). Es ist zu vermuten, dass diese Unterschiede in der Baseline-Ausprägung darauf zurückzuführen sind, dass bereits die Aufnahme in eine Rehabilitations- oder Integrationsmaßnahme einen positiven Einfluss auf das Wohlbefinden der Probanden und eine Reduktion zukunftsbezogener Ängste und depressiver Symptomatik zur Folge hatte. In der zweiten Rehabilitationshälfte fand in der Rehabilitationsgruppe ein weiterer Rückgang dieser Symptome statt, im Katamnesezeitraum blieben die Werte auf dem erreichten niedrigen Niveau. Für die Vergleichsgruppe wurden für alle Zeitpunkte höhere Symptombelastungen verzeichnet. Im Katamnesezeitraum fand aber auch hier eine Verringerung der Werte statt. Ob hier Zufallsschwankungen in der Symptomatik abgebildet werden oder sich die Veränderungen auf andere, auch von den Probanden der Vergleichsgruppe empfangene Hilfen (z. B. ambulant psychiatrische Behandlung) zurückführen lassen, ist im Nachhinein nicht bestimmbar. Letztlich ist aufgrund des gewählten Designs nicht abschließend zu entscheiden, ob die niedrigeren Angst- und Depressionswerte in der Rehabilitationsgruppe Effekte der Intervention sind oder ob die Gruppen diesbezüglich von Anfang an disparat waren.

Fazit: Sowohl in der Rehabilitations- wie auch in der Vergleichsgruppe war trotz eines Anteils von ca. 20 % Personen mit schizophrenen oder schizoaffektiven Störungen im Mittel bei Beginn der Maßnahme keine klinisch relevante positive oder negative psychotische Symptomatik zu finden. Entsprechend gab es diesbezüglich auch keine nennenswerten Unterschiede oder Veränderungen. Hinsichtlich Angst und Depression berichteten sowohl Teilnehmer der Rehabilitation als auch Mitglieder der Vergleichsgruppe erhöhte Werte, die sich im Verlauf der Untersuchung in beiden Gruppen jeweils um 10–15 % verbesserten. Dass die Rehabilitationsgruppe konstant niedrigere Angst- und Depressionswerte aufwies als die Vergleichsgruppe, könnte ein Effekt der Intervention sein – initial erklärt durch einen Rehabilitationserwartungseffekt. Aufgrund des nicht-randomisierten Designs konnte dies aber nicht zweifelsfrei geklärt werden.

5.2.1.4 Subjektive Ergebnisparameter

Zur Erfassung subjektiver Evaluationskriterien in der Rehabilitations- und Vergleichsgruppe wurde auf eine Selbsteinschätzung sowohl anhand des Fragebogens der WHOQOL-GROUP (1998) als auch anhand des Interviews des Berliner Bedürfnisinventars (HOFFMANN & PRIEBE 1996) zurückgegriffen.

Während für das Fragebogeninstrument lediglich befriedigende interne Konsistenzen als Reliabilitätskennwerte ermittelt wurden, zeichnete sich das BeBI-Interview durch eine sehr gute Reliabilität aus.

Die beiden Untersuchungsgruppen unterschieden sich bei Einschluss in die Studie hinsichtlich des psychischen Wohlbefindens und der sozialen Lebensqualität. Jeweils zeigte die Rehabilitationsgruppe die besseren Werte, was zunächst wieder auf das Vorliegen des bereits erwähnten Rehabilitationserwartungseffektes schließen lässt, der bereits bei Einschluss in eine Maßnahme in Erwartung einer rehabilitativen Versorgung das subjektive Wohlbefinden der Teilnehmer im Vergleich zu nicht rehabilitierten Probanden positiv beeinflusste. In Lebensbereichen wie dem physischen Wohlbefinden und der umweltbezogenen Lebensqualität, die von Maßnahmen zur beruflichen Rehabilitation weniger angesprochen werden, findet sich diese Überlegenheit der Rehabilitationsgruppe hingegen nicht. Hinsichtlich des psychischen Wohlbefindens war eine weitere Verbesserung in der Gruppe der Rehabilitanden zu verzeichnen, während sich in der Vergleichsstichprobe keine deutliche Änderung der Werte fand. Folglich wiesen die Probanden der Rehabilitationsgruppe durchgängig ein höheres psychisches Wohlbefinden auf. Zwar verbesserte sich das physische Wohlbefinden, die umweltbezogene sowie die soziale Lebensqualität auch in der Vergleichsgruppe, jedoch fanden sich in der Rehabilitationsgruppe bei Maßnahmenende die jeweils besseren Werte. Eine höhere Lebensqualität in der Rehabilitationsgruppe blieb im Falle des physischen und psychischen Wohlbefindens und der sozialen Lebensqualität auch zum Katamnesezeitpunkt bestehen, so dass ein positiver Einfluss der Rehabilitation auf verschiedene Bereiche der Lebensqualität auch nachhaltig Bestätigung findet.

Lebensqualität stellt ein heterogenes und multidimensionales Konstrukt mit Abhängigkeiten zu anderen Outcomeparametern dar (WHOQOL-GROUP 1998). Bei RÜESCH, GRAF, MEYER, RÖSSLER und HELL (2004) ergab sich, dass das Vorliegen einer Beschäftigung bei psychisch Erkrankten zwar mit höheren Lebensqualitätswerten bezüglich sozialer Beziehungen und der Umwelt einhergingen, gerade aber das psychische Wohlbefinden kaum beeinflusst wurde. Zwar zeigte sich, dass das psychische Wohlbefinden deutliche Zusammenhänge zur Arbeitsfähigkeit bei Eintritt in die Maßnahme zeigte (WATZKE, GALVAO, GAWLIK, HÜHNE & BRIEGER 2005), sich jedoch nicht zwischen Rehabilitanden, die im Anschluss an die Maßnahme einer Beschäftigung entgegensahen und Personen, die Beschäftigungslosigkeit erwarteten, unterschied (GALVAO, WATZKE, GAWLIK, HÜHNE & BRIEGER 2005).

In der vorliegenden Arbeit zeigte sich, dass gerade das psychische Wohlbefinden in der Rehabilitationsgruppe höher war als bei Probanden ohne Rehabilitation und sich zudem während der Maßnahme noch deutlich steigern konnte. Hier ergibt sich ein Hinweis auf die über berufliche Entwicklungsaspekte hinausgehende Wirkung rehabilitativer Ansätze für psychisch Kranke, die eine ganzheitliche Stabilisierung anstrebt.

Dieser Aspekt wird insbesondere auch durch eine Zusammenschau der Befunde zum psychischen Wohlbefinden und der Verbesserung allgemeiner sowie depressions- und angstbezogener Symptome in der Rehabilitationsgruppe verdeutlicht. In die Selbsteinschätzung des psychischen Wohlbefindens fließen unter anderem Bewertungen von Angstsymptomen und Merkmalen depressiver Symptomatik ein, die wiederum in hohem Maße die Lebensqualität beeinflussen (BRIEGER, ROETTIG et al. 2004; PUKROP 2003).

Die Betrachtung der subjektiven Bedürfnislage (»Needs«) ergab einen positiven Rehabilitationseffekt mit einer subjektiven Reduktion unerfüllter Bedürfnisse in der Rehabilitationsgruppe während der Maßnahme. Demgegenüber war in der Vergleichsgruppe kein derartiger Rückgang zu verzeichnen. Somit bestätigt sich ein positiver Einfluss der Rehabilitation auf die Bedürfnislage der Rehabilitanden.

Fazit: Auch bezüglich der Lebensqualität unterschieden sich Rehabilitations- und Vergleichsgruppe von Anfang an in drei Domänen (psychisch, physisch, soziale Beziehungen), was wiederum initial Folge eines Rehabilitationserwartungseffektes und später Effekt der Intervention gewesen sein kann, während der Bereich der umweltbezogenen Lebensqualität keine relevanten Unterschiede zwischen den Gruppen aufwies. Letzterer Befund zeigt aber, dass es sich bei den gefundenen Unterschieden nicht um pauschale Attribuierungsprozesse handelte (nicht alles wird besser oder schlechter gesehen). In den unterschiedlichen Bereichen (psychisch, physisch, soziale Beziehungen) war die Verbesserung der Lebensqualität deutlicher in der Rehabilitations- als in der Vergleichsgruppe zu beobachten. Auch kam es in der Rehabilitationsgruppe zu einer deutlicheren Verminderung von subjektiv erlebten Bedürfnissen (»Needs«) als in der Vergleichsgruppe.

5.2.1.5 Funktionale Ergebnisparameter

Funktionale Ergebnisparameter wurden in der vorliegenden Arbeit über die Arbeitsfähigkeiten hinaus mittels der SOFAS und der Level of Functioning Scale (LoF) abgebildet. Beide Instrumente weisen gute bis sehr gute Reliabilitätskennwerte auf. Während die LoF das Funktionsniveau retrospektiv auf einen dem jeweiligen Untersuchungszeitpunkt zeitlich vorgelagerten Zeitraum beschreibt, bildet die SOFAS den Funktionsstatus zum jeweiligen Untersuchungszeitpunkt ab. Ein weiterer Unterschied zwischen den Instrumenten liegt in den jeweils einbezogenen Dimensionen begründet. Anhand der SOFAS wird die soziale und berufliche Funktionsleistung unabhängig vom Schweregrad psychischer Symptome bewertet. Demgegenüber fließt in die Bewertung der LoF die Belastung durch die Psychopathologie und Hospitalisierung neben einer Beurteilung der sozialen Integration sowie der Beschäftigung ein. Es zeigte sich zunächst, dass sich beide

Gruppen nicht in ihrem Funktionsniveau vor bzw. bei Eintritt in die Untersuchung unterschieden. In der Folge unterschieden sie sich signifikant zum Ende der Maßnahme: Die Validität dieser Befunde wird durch die Verbesserung auch subjektiver Funktionsmaße (VAS) verdeutlicht. Anhand beider eingesetzter Instrumente zeigte sich ein signifikant höheres Funktionsniveau in der Rehabilitationsgruppe bei Austritt aus der Maßnahme. Dieser Effekt bildete sich unter Betrachtung des gesamten Katamnesezeitraums anhand der LoF auch bei der Nachuntersuchung ab. Hingegen erbrachte die Bewertung zum Katamnesezeitpunkt anhand der SOFAS lediglich tendenziell signifikante Gruppenunterschiede.

Fazit: Rehabilitation verbesserte das Funktionsniveau gegenüber der Vergleichsgruppe. Nach neun Monaten Katamnese nahm der Effekt zwar wieder ab, war aber noch nachweisbar.

5.2.1.6 Befunde zum erzielten Wiedereingliederungsniveau

Hinsichtlich des in der Stichprobe erzielten *relativen Fortschritts auf der Achse des Arbeitsmilieus* wird erkennbar, dass die Betrachtung der ordinalskalierten Entwicklung im Vergleich zu einer rein normativen Betrachtung der Wiedereingliederungsquote einen klaren Informationsgewinn liefert. Es zeigte sich, dass ca. 19 % der Indexstichprobe zum Katamnesezeitpunkt ein Arbeitsverhältnis oder Beschäftigungsverhältnis des allgemeinen Arbeitsmarktes innehatten, ca. 15 % waren auf dem geschützten Arbeitsmarkt integriert. Der größte Anteil der Rehabilitanden befand sich in Arbeitslosigkeit (ca. 58 %), für ca. 3 % wurde ein Übergang in Erwerbs- bzw. Berufsunfähigkeit festgestellt.

Vor dem Hintergrund hoher allgemeiner Arbeitslosigkeit in der Untersuchungsregion kann die in der untersuchten Stichprobe erzielte Wiedereingliederung in den allgemeinen Arbeitsmarkt im Vergleich zu anderen Studien, in denen diesbezügliche Integrationsquoten von 6–25 % (HAUG-BENIEN 2000; REKER 1998; WOLLNY 1999a) berichtet wurden, zunächst als positiv bewertet werden. Die darüber hinaus gehende Integration in geschützte Arbeits- und Ausbildungsverhältnisse fiel in der vorliegenden Arbeit jedoch im Vergleich zu ca. 66 %, die aus Projekten in westlichen Bundesländern zu Zeiten von noch niedrigerer Arbeitslosigkeit berichtet wurden (BUNDESARBEITSGEMEINSCHAFT FÜR REHABILITATION & BUNDESARBEITSGEMEINSCHAFT REHABILITATION PSYCHISCH KRANKER MENSCHEN 2000; HAUG-BENIEN 2000; REKER 1998), wesentlich geringer aus. Dies weist darauf hin, dass derartige Angebote für die angesprochene Klientel in der Region und zum Zeitpunkt der Untersuchung vergleichsweise rar sind. Auch mit Blick auf den hohen Anteil anschließend beschäftigungsloser Teilnehmer sowie die in lediglich sechs Fällen erfolgte Vermittlung in andere Rehabilitationseinrichtungen wird deutlich, dass für einen Großteil der Probanden auch bei der vorliegenden inhaltlichen und institutionellen Differenzierung kein alternatives Integrationsangebot besteht.

Im Kontrast zur Vergleichsstichprobe, in der 16 % ein Beschäftigungsverhältnis auf dem ersten Arbeitsmarkt fanden und ca. 3 % in eine Beschäftigung oder Ausbildung im geschützten Arbeitsmarkt aufgenommen wurden, wurde dennoch in der Rehabilitationsgruppe ein höheres Wiedereingliederungsniveau erzielt. Der Vergleich der Personenanteile, für die zum Katamnesezeitpunkt eine tagesstrukturierende Beschäftigung vorlag, fällt mit 40 % in der Rehabilitations- vs. 19 % in der Vergleichsgruppe deutlich zum Vorteil der beruflichen Rehabilitation/Integration aus.

Im Vergleich der jeweiligen Integrationsstufen zeigte sich vor allem, dass der Zugang zu Ausbildungs- und Beschäftigungsverhältnissen des geschützten Arbeitsmarktes vorrangig Personen aus der Rehabilitationsgruppe offen stand, lediglich zwei Personen der Vergleichsgruppe fanden hier Beschäftigung.

REKER und EIKELMANN (2004) betonen, dass eine Wiedereingliederung in Beschäftigung des allgemeinen Arbeitsmarktes nicht für alle psychisch erkrankten Personen möglich und anzustreben sei. Daher hätten gerade geschützte Arbeitsbedingungen eine hohe Bedeutung, da diese zumindest eine partielle Inklusion und die Chance böten, von den positiven Effekten einer regelmäßigen Beschäftigung zu profitieren. Die vorliegenden Befunde weisen aber darauf hin, dass Personen ohne Zugang zu einer beruflichen Rehabilitation auch diese geschützten Arbeitsplätze oftmals nicht zugänglich sind. In 8 % der Fälle schien für diese Personen eine vorzeitige Berentung als einzige Alternative in Betracht zu kommen. Dies führt in zweierlei Hinsicht zu einer Verstärkung der Probleme. Einerseits wird davon ausgegangen, dass in Deutschland jährlich ca. 6000 Personen mit der Diagnose einer Schizophrenie neu berentet werden und dass im Jahre 2000 die Rentenkassen mit 1,3 Milliarden Euro für Rentenzahlungen an Personen mit schizophrenen Erkrankungen ausgab (CLOUTH 2004). Andererseits haben psychisch Kranke, die frühzeitig berentet werden, im Laufe ihres Lebens meist nur geringe Rentenbeiträge geleistet und können folglich oft nur geringe Zahlungen erwarten. Zwar stellte für manche Betroffene eine Berentung eine finanzielle Absicherung dar, die damit einhergehenden Leistungen sind aber oftmals niedrig (BRIEGER, BLÖINK et al. 2004). Dementsprechend droht in vielen Fällen eine Verarmung, darüber hinaus geht in der Regel auch der Zugang zur Finanzierung weiterer rehabilitativer Maßnahmen verloren. Dadurch wird eine fortführende aktive Unterstützung limitiert, derer aber gerade schwer beeinträchtigte Personen dringend bedürfen, um zusätzlich zu beruflicher Ausgliederung einer sozialen Desintegration und Destabilisierung der Lebensverhältnisse entgegenzuwirken.

Fazit: Rehabilitanden hatten trotz eher ungünstigerer Ausgangswerte (niedrigere Intelligenz, längere und frühere Arbeitslosigkeit, möglicherweise etwas schwerere Störungen) eine deutlich bessere Chance, zum Katamnesezeitraum Beschäftigung zu haben. Der Unterschied zur Vergleichsgruppe rührte überwiegend von einer höheren Anzahl von Beschäftigung auf dem geschützten Arbeitsmarkt und weniger Berentungen her. Auf dem allgemeinen Arbeitsmarkt fand dagegen nur etwa ein Fünftel der Rehabilitanden Arbeit.

5.2.2 Prädiktoren des Rehabilitationserfolges

Die regressionsanalytischen Auswertungen zur Identifikation von Einflussgrößen auf die Ausprägung der Erfolgsparameter erbrachten Hinweise auf eine differenzielle Wirksamkeit der eingesetzten Prädiktoren.

Die Arbeitsfähigkeiten der Teilnehmer zu Beginn der Maßnahmen konnten mit Varianzaufklärungen meist zwischen 20 und 30 % prognostiziert werden. Zur Vorhersage trugen im Wesentlichen eine gute prämorbide Anpassung, eine gute Schulausbildung sowie gute Aufmerksamkeitsleistungen und eine hohe fluide Intelligenz bei. Die Diagnose einer Schizophrenie minderte die Entwicklung kommunikativer arbeitsbezogener Fertigkeiten. Während eine stärkere Positivsymptomatik eher die initiale Ausprägung und Entwicklung der arbeitsbezogenen Anpassung limitierte, wirkten sich negative Symptome (im Sinne der PANSS) beeinträchtigend auf die Lernfähigkeit und kommunikative Aspekte aus. Aus dem Kanon der Persönlichkeitsvariablen sagten hohe Extraversionswerte gute kommunikative Fertigkeiten vorher, Gewissenhaftigkeit und Verträglichkeit prädizierten die Lernfähigkeit der Teilnehmer.

Somit wird deutlich, dass Leistungsparameter, die wie die Arbeitsfähigkeiten der Rehabilitanden unter geschützten Bedingungen erhoben wurden, eng mit prämorbiden und aktuellen kognitiven Leistungen verknüpft waren.

Die Funktionsmaße wurden sowohl in ihrer Ausprägung bei Eintritt in die Rehabilitation, als auch in deren Verlauf und zur Katamnese maßgeblich durch Variablen symptomatischer Belastung vorhergesagt. Die Vorhersageleistung lag bei jeweils ca. 30–60 %. Zwar fließt bei der Einschätzung des Funktionsniveaus anhand der LoF jeweils eine Beurteilung der Symptombelastung ein, die SOFAS nimmt aber für sich in Anspruch, das Leistungsvermögen der Probanden unabhängig von psychischen Symptomen zu erfassen.

Nicht nur die Indikatoren eines verbesserten Funktionsniveaus wurden durch das Ausmaß der Psychopathologie beeinflusst. Auch bei der Vorhersage subjektiver Evaluationskriterien erwiesen sich psychiatrische Symptome als wesentliche Einflussgrößen. Insbesondere trugen die Selbsteinschätzung depressions- und angstbezogener Symptome und deren Fluktuation im Untersuchungszeitraum in hohem Maße zur Vorhersage der Lebensqualität bei. Dieser Befund ist plausibel, da zum einen bekannt ist, dass depressive Symptome in hohem Maße die Lebensqualität beeinträchtigen (Brieger, Roettig et al. 2004; Pukrop 2003) und sich zum anderen inhaltliche Überschneidungen in beiden Fragebögen finden lassen.

Darüber hinaus wirkten sich das Vorliegen einer affektiven psychischen Störung und eine gute kognitive Leistungsfähigkeit sowie eine gute prämorbide Anpassung positiv auf das physische Wohlbefinden aus. Gute Aufmerksamkeitsleistungen, hohe Extraversion und niedriger Neurotizismus sagten ein gutes psychisches Wohlbefinden vorher. Persönlichkeitsvariablen hatten ebenfalls eine hohe prognostische Validität bei der Vorhersage der sozialen Lebensqualität. Wiederum wirkten sich hohe Extraversion günstig, hoher Neurotizismus negativ aus. Eine hohe umweltbezogene Lebensqualität wiederum wurde sowohl bei Eintritt in die Rehabilitation als auch zum Katamnesezeitpunkt durch eine gute prämorbide Anpassung und niedrige Ausgliederungsdauer vor der Maßnahme vorhergesagt.

Die Wiedereingliederung in eine Ausbildung oder Beschäftigung des allgemeinen bzw. geschützten Arbeitsmarktes oder die Integration in eine weiterführende Rehabilitation wurde hingegen maßgeblich durch die Dauer der vorrehabilitativen Arbeitslosigkeit vorhergesagt. Darüber hinaus limitierten ein hoher Neurotizismus und schlechte kommunikative Fertigkeiten eine erfolgreiche Wiedereingliederung. Dass sich eine lange bisherige Beschäftigungslosigkeit negativ auf eine mögliche Wiedereingliederung in Beschäftigung erwies, kann nicht überraschen, zeigten sich derartige Befunde doch auch in Populationen von Langzeitarbeitslosen ohne bekannte psychische Störung (Kieselbach 1997).

Insgesamt erwiesen sich unter den eingesetzten Prädiktoren insbesondere Variablen der prämorbiden Leistungsfähigkeit als prognostisch bedeutsame Einflussgrößen. Besonders das Ausmaß der prämorbiden Anpassung, der schulischen Ausbildung sowie die Dauer der vorrehabilitativen Arbeits- und Beschäftigungslosigkeit konnten die arbeitsbezogene Lernfähigkeit, Fähigkeiten zur sozialen Kommunikation, das Funktionsniveau sowie die subjektiven Evaluationskriterien vorhersagen.

Intelligenzmaße erwiesen sich ebenfalls als prognostisch relevante Einflussgrößen, wie auch aus früheren Arbeiten bekannt ist (Dauwalder et al. 1984; Hoffmann et al. 2003). Jedoch waren in der vorliegenden Arbeit eher Indikatoren aktueller kognitiver Leistungsfähigkeit, wie Aufmerksamkeitsleistung und fluide Intelligenz wichtige Prädiktoren, während der kristallinen Intelligenz eine nachgeordnete Bedeutung zukam. Es ist zu vermuten, dass der in vielen Untersuchungen bestätigte Zusammenhang zwischen kristalliner Intelligenz und schulischen Leistungen (Amelang & Bartussek 2001) für die geringe Ausprägung dieses Einflusses verantwortlich ist. Gerade der Parameter der kristallinen Intelligenz misst Fähigkeiten, die auch im Rahmen schulischer Leistungen benötigt werden. Somit scheinen die Variablen »Schulausbildung« und in gewissem Rahmen auch die »prämorbide Anpassung« einen Großteil der Varianz des Tests zur kristallinen Intelligenz abzubilden und folglich deren Einschluss in die berechneten schrittweisen Regressionsmodelle zu unterdrücken.

Deutlich wurde weiterhin die prädiktive Validität der Symptommaße PANSS und HADS-D, insbesondere die Indikatoren symptomatischer Veränderung im Laufe der Rehabilitation leisteten erhebliche Erklärungsbeiträge für die Entwicklung der Erfolgskriterien. Symptommaße und deren Veränderungsindikatoren klärten sowohl das Funktionsniveau der Rehabilitationsteilnehmer als auch deren subjektives Wohlbefinden zu erheblichen Anteilen auf. Lediglich zur Vorhersage der Arbeitsfähigkeiten leisten sie geringe Erklärungsbeiträge.

Dieser insgesamt recht deutliche Einfluss der Symptomatik auf die Ergebnisparameter weist darauf hin, dass entgegen den theoretischen Vorannahmen von z. B. ANTHONY und JANSEN (1984) die Psychopathologie einen nicht zu unterschätzenden Einfluss auf die Entwicklung der Rehabilitanden hat und in prospektiven Studien zur Vorhersage des Rehabilitationserfolges folglich nicht vernachlässigt werden darf. Dabei muss aber berücksichtigt werden, dass in vielen Studien Psychopathologie bislang mittels schizophreniespezifischer Instrumente erfasst wurde (z. B. PANSS), die vornehmlich produktiv-psychotische (»positive«) und negative Symptome erfassen, dabei aber nur in sehr begrenztem Umfang affektive (depressive) Krankheitszeichen darzustellen zu vermögen. Dabei gibt es verschiedene Aspekte, die die Berücksichtigung depressiver Symptome als besonders wichtig erscheinen lassen: Zum einen wandelt sich die Klientel beruflicher Rehabilitation. Die Zahl der Menschen mit schizophrenen Erkrankungen nimmt ab, die Rehabilitanden mit affektiven (depressiven) Störungen nehmen zahlenmäßig zu. Zum anderen gibt es einen »Generalfaktor« subjektiven Befindens, der mit zahlreichen Outcomemaßen eng verbunden ist und ganz wesentlich von depressiver Symptomatik bestimmt wird (BRIEGER, WATZKE, GALVAO & PRIEBE, eingereicht; FAKHOURY, KAISER, ROEDER-WANNER & PRIEBE 2002). Dieser Generalfaktor hat aber wenig mit der Psychopathologie zu tun, die mit der PANSS erfasst wird. Schließlich wies die hier untersuchte Population initial geringe Werte auf den PANSS Skalen auf, während die Werte für Angst und Depression überwiegend im klinisch relevanten Bereich lagen. Das alles weist darauf hin, dass die Erfassung depressiver und Angstsymptomatik im Verlauf beruflicher Rehabilitation relevant ist.

Schließlich lässt sich aus den Ergebnissen ableiten, dass eine Integration psychologischer bzw. psychiatrischer Behandlung gerade allgemeiner Symptomformen das Angebot der untersuchten Rehabilitationseinrichtung ergänzen könnte. Auch PFAMMATTER, HOFFMANN, KUPPER und BRENNER (2000) gehen davon aus, dass in der psychiatrischen Versorgungspraxis Prävention, Behandlung und Rehabilitation nicht kategorisch voneinander getrennt angeboten werden dürfen, sondern fließend ineinander übergehen sollten. ENGELS (1993) weist darauf hin, dass gerade RPKs mit integriertem medizinisch-beruflichem Rehabilitationskonzept ihre Bedeutung dadurch erlangen konnten, dass eine enge Vernetzung der Angebote unter einem Dach erfolgt.

Aus der Gruppe soziodemografischer Prädiktorvariablen wirkte sich insbesondere die Dauer vorrehabilitativer Arbeitslosigkeit limitierend auf die Entwicklung eines hohen Funktionsniveaus nach der Rehabilitation und eine erfolgreiche Wiedereingliederung aus.

Persönlichkeitsvariablen weisen einen insgesamt eher geringen prognostischen Nutzen zur Vorhersage der Erfolgskriterien auf. Jeweils wirkte sich hohe Extraversion positiv aus, Neurotizismus zeigte bezüglich des Funktionsniveaus, des psychischen Wohlbefindens sowie für die Integration einen negativen Einfluss. Gewissenhaftigkeit wirkte sich negativ auf eine Wiedereingliederung aus. Die Leistungsmotivation zeigte lediglich einen Einfluss auf die Ausprägung des psychischen Wohlbefindens zum Katamnesezeitpunkt.

Zur Beantwortung der Frage nach Prädiktoren eines vorzeitigen Rehabilitationsabbruches soll an dieser Stelle auf ein entsprechendes Manuskript »Maßnahmenabbrecher in der beruflichen Rehabilitation psychisch kranker Menschen« (Watzke, Galvao, Gawlik, Hühne & Brieger, im Druck) verwiesen werden. Von den n = 123 Rehabilitanden brachen n = 23 Personen (18,7 %) die Maßnahme vorzeitig ab. Prädiktiv waren soziodemografische und erkrankungsbezogene Variablen, ein schlechter subjektiver körperlicher Gesundheitszustand, ein geringes Funktionsniveau, niedrige Intelligenz und Arbeitsfähigkeiten. Es fanden sich drei Gruppen mit unterschiedlichen Arten eines Rehabilitationsabbruchs: Abbruch wegen Exazerbation der psychischen Erkrankung (v. a. Patienten mit endogenen Psychosen), Abbruch wegen Nichterscheinens (v. a. Männer mit antisozialen Persönlichkeitsstörungen) sowie eine unspezifische Gruppe. Diese Befunde erbringen erneut Hinweise darauf, dass die berufliche Rehabilitation psychisch Kranker entsprechend der individuellen Belastbarkeit und Leistungsfähigkeit der Betroffenen gestaltet werden muss. Zudem sollten das individuelle Krankheitskonzept sowie die persönlichen Ansprüche der Rehabilitanden stärker Berücksichtigung finden, um einen kontinuierlichen Rehabilitationsfortgang zu gewährleisten. Darüber hinaus sind wiederum integrative medizinisch-berufliche Konzepte zu fordern, die eine intermittierende Akutbehandlung und Unterbrechung der Rehabilitation für zwischenzeitlich erkrankte Personen erlaubt.

Fazit: Prämorbide Anpassung und Indikatoren kognitiver Leistungsfähigkeit waren wichtige Prädiktoren der Erfolgsmaße. Maßnahmeabbruch wurde zum einen durch Exazerbationen bei »endogenen Psychosen« prädiziert, zum anderen beendeten Männer mit antisozialen Persönlichkeitsstörungen die Maßnahme oft vorzeitig. Entgegen früheren Untersuchungen zeigte die psychopathologische Symptomatik durchaus einen relevanten Einfluss auf Rehabilitationsverlauf und -erfolg. Dabei scheinen aber vor allem affektive (depressive) Symptome von Belang zu sein.

5.2.3 Wer wird rehabilitiert bzw. »integriert«? Wie sind die medizinischen, sozialrechtlichen und individuellen Zugangswege zur Rehabilitation bzw. zur Integrationsfirma?

Diese Fragestellung war mit der angewandten Methodik nur ansatzweise zu beantworten. Es fehlten grundsätzlich repräsentative Daten zu nicht-rehabilitierten Vergleichspersonen, da diese Gruppe schwer zu definieren ist, sie ist nirgends als »Gruppe« aufzufinden. Entsprechend war kein umfassender Datensatz für diese Personen zu finden oder zu generieren. Hilfsweise wurde deshalb auch hier ein Vergleich zwischen Rehabilitations- und Vergleichsgruppe durchgeführt, auch wenn nicht gewährleistet ist, dass die Vergleichsgruppe »repräsentativ« für die nicht-rehabilitierten Personen ist.

Unter Rückgriff auf die Vergleiche der Baseline-Ausprägungen sowohl der Prädiktor- als auch der Kriteriumsvariablen wurde unabhängig vom Rehabilitations- bzw. Integrationsergebnis zunächst geklärt, ob sich Personen, die im Laufe ihrer psychischen Erkrankung ein Rehabilitationsangebot erhalten, von Personen unterscheiden, denen bislang kein Zugang zur Rehabilitation gewährt wurde. Die Frage nach individuellen und sozialrechtlichen Zugangswegen zur Rehabilitation/Integration in der Rehabilitationsgruppe kann darüber hinaus zur Klärung der Frage nach vorrangigen Zuweisungsstrategien beitragen.

Rehabilitations- und Vergleichsgruppe unterschieden sich hinsichtlich der Verteilung psychischer Erkrankungen lediglich in Bezug auf eine etwas häufigere Diagnose von Angst- oder Zwangsstörungen in der Vergleichsgruppe, während die Rehabilitationsgruppe niedrigere Depressions- und Angstwerte aufwies. Weiterhin verfügte die Vergleichsgruppe im Mittel über eine höhere schulische Ausbildung und war lebenszeitlich signifikant kürzer von Arbeitslosigkeit betroffen als die Rehabilitationsgruppe. Diese Befunde wurden durch eine signifikant schlechtere prämorbide Leistung in der Rehabilitationsgruppe untermauert. Rehabilitations- und Vergleichsgruppe unterschieden sich weiterhin in der Persönlichkeitsstruktur mit tendenziell höher ausgeprägten Neurotizismuswerten in der Vergleichsgruppe, die aber bekanntermaßen wiederum hoch mit den erhöhten Depressions- und Angstwerten korrelieren (ORMEL et al. 2001). Hingegen wies die Rehabilitationsgruppe tendenziell eine niedrigere fluide Intelligenz auf.

Eine höhere durchschnittliche Ausbildung bei kürzerer Arbeitslosigkeit erklärte auch die höhere Gesamtsumme der finanziellen Bezüge zu Studienbeginn in der Vergleichsgruppe.

Während die Teilnehmer der Rehabilitationsgruppe vor der aktuellen Maßnahme bereits zu ca. zwei Dritteln in anderen Maßnahmen zur beruflichen Wiedereingliederung integriert waren, traf dies für die Probanden der Vergleichsstichprobe definitionsgemäß nicht zu. Um aber auszuschließen, dass den Teilnehmern der Vergleichsgruppe aufgrund unterschiedlicher regionaler Versorgungslage bislang kein Rehabilitationsangebot unterbreitet wurde, wurden die Gruppen hinsichtlich der Entfernung zwischen Wohnort und Rehabilitationseinrichtung verglichen. Dabei zeigte sich, dass die Teilnehmer beider Gruppen nicht in unterschiedlicher Entfernung zu den Einrichtungen wohnten und nicht aus unterschiedlichen Einzugsbereichen stammten.

Stratta et al. (2001) gehen davon aus, dass der Beginn schwerer psychischer Erkrankungen die Möglichkeiten schulischer Ausbildung und beruflicher Entwicklung limitiert. Die Rehabilitationsgruppe zeigte eine geringere adäquate prämorbide Entwicklung. Dies spiegelt sich in niedrigeren Schulabschlüssen und schlechteren Werten in der PAS wider.

Es wird vermutet, dass Personen mit beeinträchtigter prämorbider Leistungsfähigkeit auch aktuell stärkere Beeinträchtigungen, insbesondere in ihrer kognitiven Performanz aufweisen (Galderisi et al. 2002; Rund et al. 2004). Diese Überlegung wird durch die geringere fluide Intelligenz der Rehabilitationsgruppe in der vorliegenden Arbeit gestützt.

Es ergeben sich folglich Hinweise darauf, dass in den untersuchten Einrichtungen zur beruflichen Rehabilitation und Integration vorrangig Personen versorgt werden, die bereits Beeinträchtigungen ihres prämorbiden Leistungsniveaus aufwiesen. Dies führt zu stärkeren aktuellen Beeinträchtigungen sowie einer ungünstigeren Integrationssituation.

Aus der Gruppe der ursprünglich in die Vergleichsstichprobe eingeschlossenen Probanden gelangten ca. 10 % im Untersuchungszeitraum in eine Maßnahme der beruflichen Rehabilitation und wurden daraufhin aus den weiteren Analysen ausgeschlossen. Da zunächst eine Parallelität der beiden Untersuchungsgruppen auch hinsichtlich der psychischen Erkrankung angestrebt wurde, ist zu vermuten, dass gerade Personen mit schwereren Erkrankungen in der Zwischenzeit Rehabilitationsangebote unterbreitet wurden und aus diesem Grund eher Menschen mit »milderen« psychischen Störungen in der Vergleichsstichprobe verblieben.

Es scheint, dass eine Zuweisung zur Rehabilitation dann erfolgte, wenn andere Möglichkeiten einer beruflichen Vermittlung bereits ausgeschöpft waren und sich die Betroffenen bereits lange in Arbeitslosigkeit befanden.

Fazit: Es gelang nur ansatzweise, die Frage zu beantworten, wer rehabilitiert wird und wer nicht. Es ergaben sich Hinweise, dass schwerer Erkrankte nach längerer Beschäftigungslosigkeit bevorzugt einer beruflichen Rehabilitation zugeführt wurden.

5.3 Resümee und Ausblick

Berufliche Rehabilitation für psychisch kranke Menschen steht an der Schnittstelle zweier Sichtweisen:
- der sozial- und verwaltungsrechtlichen Perspektive, die entsprechende Hilfen im Kontext anderer beruflicher Rehabilitations- und Förderungsmaßnahmen sieht – insbesondere im Bereich der entsprechenden Hilfen für Menschen mit Behinderungen,
- der sozialpsychiatrischen Perspektive, die diese Hilfen als Teil des umfassenden Versorgungsangebotes eines gemeindepsychiatrischen Verbundsystems betrachtet.

Die hier vorgelegte Untersuchung ist methodisch und personell vornehmlich der zweiten Perspektive verpflichtet. Die Sozialpsychiatrie hat heute Ziele, die allgemein akzeptiert sind: Die Teilhabe von Menschen mit psychischen Störungen am gesellschaftlichen Leben soll uneingeschränkt und selbstbestimmt ermöglicht werden. Hilfen werden gemeindenah und bedarfsgerecht gestaltet, sie folgen den Prinzipien »ambulant vor stationär«, der Gleichstellung psychisch Kranker mit somatisch Kranken, dem Normalisierungsprinzip und dem Prinzip des »Empowerment« – der Stärkung von Selbstbestimmung (BRIEGER 2005). In dieser Hinsicht wurde in den letzten Jahren in Deutschland viel erreicht (KUNZE 2001). Gemäß eines Berichtes der WHO befinden sich heute die meisten reicheren europäischen Länder (einschließlich Deutschland) in einer dritten Epoche der psychiatrischen Versorgung: Nach Aufstieg und Fall der psychiatrischen »Anstalten« kommt es nun zur abgestimmten Differenzierung der gemeindepsychiatrischen Hilfen (WHO REGIONAL OFFICE FOR EUROPE'S HEALTH EVIDENCE NETWORK 2003). Die psychiatrische Rehabilitation hat in jüngster Zeit in Deutschland wieder wachsende wissenschaftliche Beachtung erfahren (FRIEBOES, ZAUDIG & NOSPER 2005; RÖSSLER 2004), auch wenn manches Mal die Begriffsbestimmung schwer fällt und bisweilen die Formulierung »Psychiatrische Rehabilitation« ein Versuch zu sein scheint, den Begriff »Sozialpsychiatrie« zu vermeiden, auch um eventuelle (sozial)politische Konnotationen zu umgehen. Dabei ist der Stellenwert von Rehabilitation im Kontext der gemeindepsychiatrischen Versorgung bis heute nicht abschließend geklärt, da beispielsweise Wohnortnähe, Bedarfsgerechtheit, Wirtschaftlichkeit und Wirksamkeit teilweise kontrovers diskutiert werden (EIKELMANN et al. 2005) – insbesondere wenn Rehabilitation aus der ersten der oben genannten Perspektiven heraus gestaltet wurde.

Für den Nachweis der Wirksamkeit von Hilfen und Interventionen werden heute die Prinzipien der evidenz-basierten Medizin (EBM) allgemein als Grundlage angenommen (SCHRAPPE & LAUTERBACH 2001), die zwar überwiegend aus der Bewertung pharmakologischer Interventionen stammen, durchaus aber auch im Kontext der Gemeindepsychiatrie anzuwenden sind (BRIEGER & KIRSCHEN-

BAUER 2004; KALLERT et al. 2005), auch wenn ihre Prinzipien nicht dogmatisch verstanden werden dürfen (KALLERT 2005; PRIEBE & SLADE 2002). Für die EBM ist der optimale Nachweis der Wirksamkeit die randomisierte kontrollierte Studie (randomized controlled trial – RCT). Das Anliegen der hier vorliegenden Studie war es, die Wirksamkeit beruflicher Rehabilitation im Sinne der EBM zu untersuchen. Dabei bestanden aber offensichtliche Schwierigkeiten, die die Aussagekraft der Ergebnisse einschränken:

- Aufgrund der deutschen sozialrechtlichen Vorschriften erschien die Durchführung eines RCT nicht realisierbar. Stattdessen wurde ein nicht-randomisiertes, aber kontrolliertes Design gewählt, das aber hinsichtlich seines Evidenzgrades und seiner Aussagekraft niedriger als ein RCT zu bewerten ist.
- In der Psychiatrie – und wohl auch bei anderen chronischen, nicht letalen Erkrankungen – kann es Schwierigkeiten bereiten, Erfolgsmaße für den Wirksamkeitsnachweis von Interventionen festzulegen. Beispiele sind die jüngst neu aufgeflammten Diskussionen, ob Serotonin-Wiederaufnahme-Hemmer (SSRI) wirksame Medikamente für die Behandlung von Depressionen sind (MONCRIEFF & KIRSCH 2005) oder ob Antidementiva tatsächlich effektiv bei Alzheimer-Demenz sind (KAISER, FLORACK, FRANZ & SAWICKI 2005). In beiden Fällen wurde für Medikamentengruppen, die seit Jahren für die entsprechenden Störungen zugelassen sind und in großem Umfang verschrieben werden, in Zweifel gezogen, dass die vorliegende Studienlage tatsächlich eine klinisch relevante Wirksamkeit belegt. Insbesondere wurde kritisiert, dass unzureichende Erfolgsmaße für die Zulassungsstudien gewählt wurden. Wenn aber solche Wirksamkeitsnachweise nicht mit den Ressourcen der pharmazeutischen Industrie gelingen, dann ist leicht vorstellbar, wie viel schwerer sie im Feld (nicht-medikamentöser) psychosozialer Interventionen zu führen sind, wo nur ein Bruchteil der Forschungsgelder für klinische Studien zur Verfügung stehen. Solche Probleme der Erfolgsmaße bestehen auch bei der Evaluation beruflicher Rehabilitation: Was ist Rehabilitationserfolg? Was soll berufliche Rehabilitation primär bessern? Was sind sekundäre Outcome-Maße? Diese Probleme wurden für die hier vorliegende Studie bereits dargestellt und diskutiert (vgl. 2.5), ohne dass sie aber abschließend geklärt werden konnten.
- Die soziale und arbeitsmarktpolitische Wirklichkeit in Halle/Saale ist Besorgnis erregend. Ein Arbeitsmarkt, der keine Verwendung für einen großen Teil der gesunden Arbeitssuchenden hat, hat einen noch geringeren Bedarf für kranke oder behinderte Menschen als Arbeitskräfte – insbesondere wenn sie als psychisch krank stigmatisiert werden. Die sozialen Sicherungssysteme wurden während des Verlaufs der Studie (und danach) in erheblichem Maß verändert. Dies betraf Arbeitsverwaltung, Finanzierung der Krankenhäuser, Sozialhilfe, Rentenversicherungen und anderes. Die Verwaltungspraxis hat sich nach Beobachtung der Untersucher keinesfalls vereinfacht: Bewährte

Kooperationen konnten nicht fortgeführt werden, Antragszeiten (z. B. für berufliche Rehabilitation) wurden länger, Angebote des zweiten und geschützten Arbeitsmarktes fielen weg.
- Die Studie untersuchte die berufliche Rehabilitation, die von der RPK gGmbH und der TSE gGmbH angeboten wird. Beide Anbieter arbeiten flexibel und modern, sind aber dem klassischen Konzept der RPK bzw. Rehabilitations- bzw. Qualifizierungsmaßnahme verpflichtet (»first train, then place«). Von daher kann die Studie keine Aussagen treffen, ob ggf. durch andere Konzepte, die sich beispielsweise am Supported Employment (»first place, then train«) (DRAKE 1999) orientieren, andere (bessere?) Effekte zu erzielen gewesen wären.

Was ist angesichts dieser Einschränkungen das Resümee der Studie?
- Berufliche Rehabilitation für psychisch kranke Menschen verbesserte deren Beschäftigungssituation. Dies war sowohl relativ (Verbesserung des Arbeits-/Beschäftigungsniveaus) wie auch absolut (Wiedereingliederung/Beschäftigung) feststellbar. Der Effekt bestand bei Beendigung der Maßnahme und zur Neun-Monats-Katamnese.
- Teilnehmer der beruflichen Rehabilitation verbesserten ihre Arbeitsfähigkeiten gegenüber dem Ausgangsniveau.
- Berufliche Rehabilitation für psychisch kranke Menschen erhöhte deren Funktionsniveau. Dies war während und bei Beendigung der Maßnahme zu beobachten, zur Neun-Monats-Katamnese bestand der Effekt fort, hatte sich aber wieder abgeschwächt.
- Ob die berufliche Rehabilitation depressive Symptome, Angstsymptome und Lebensqualität gegenüber der Vergleichsgruppe besserte, konnte nicht abschließend beantwortet werden. Die Daten lassen sich zwar derart interpretieren, zwingend ist aber diese Bewertung aufgrund methodischer Probleme nicht. In jedem Fall besserten sich aber psychopathologische Symptome, Lebensqualität und Bedürfnisse (»Needs«) während der Rehabilitation, wenn auch teilweise von einem geringen Ausgangsniveau aus.
- Es ließen sich differenzierte Prädiktoren des Rehabilitationserfolges identifizieren. Diese lagen überwiegend im Bereich der prämorbiden Anpassung, neurokognitiver und teilweise auch medizinischer Variablen.
- Ein Abbruch der Maßnahme trat häufig bei Exazerbation der Erkrankung auf. Außerdem beendeten Männer mit antisozialer Persönlichkeitsstörung gehäuft die Maßnahme vorzeitig.
- Die Daten gaben Hinweise, dass aus der Gruppe der potenziell für eine Rehabilitation in Betracht kommenden Personen vornehmlich schwerer erkrankte mit langer Beschäftigungslosigkeit in eine Rehabilitation aufgenommen wurden.

5.4 Praktische Umsetzungsperspektiven

Das wichtigste Ergebnis ist, dass Teilnehmer der untersuchten Rehabilitationsangebote davon profitierten – hinsichtlich ihrer beruflichen Situation und hinsichtlich ihres Funktionsniveaus. Damit ist die Wirksamkeit der Intervention belegt. Entsprechende Angebote sollten ausgebaut werden. Sie sollten ein fester und integraler Teil der gemeindepsychiatrischen Versorgung gemäß des personenzentrierten Ansatzes der Hilfen für chronisch psychisch kranke Menschen (KUNZE 1999) werden. WEIG und SCHELL (2005) haben dargestellt, dass in Deutschland in nur etwa einem Drittel der Planungsregionen RPKs verfügbar sind. Hier ist Weiterentwicklung notwendig. Weiterhin muss ein höheres Maß an Planbarkeit der beruflichen Rehabilitation erreicht werden, die Teil einer umfassenden integrierten Hilfeplanung werden muss. Deshalb sollte weiter untersucht und beobachtet werden, wer rehabilitiert wird und wer nicht. Die entsprechende Personengruppe muss zukünftig klarer definiert sein.

Auch wird ein zweiter Bereich deutlich, der zukünftig weiter zu entwickeln ist: Medizinische Leistungen müssen Teil der beruflichen Rehabilitation sein, da Veränderungen auf der Ebene der Krankheitssymptome direkt Einfluss auf den Rehabilitationsverlauf bis hin zum Maßnahmeabbruch haben. Aufgrund regionaler Besonderheiten konnten die beiden hier untersuchten Einrichtungen medizinische Therapie bis heute nicht im Rahmen ihres Rehabilitationsangebots vorhalten, was sie von den meisten anderen Einrichtungen in Deutschland unterscheidet (ALBRECHT & BRAMESFELD 2004). Ursache ist eine Weigerung der Krankenkassen, die entsprechenden medizinischen Kosten mitzutragen. Die hier dargestellten Daten sind aber deutlicher Hinweis, dass solche medizinische Behandlung notwendig und sinnvoll ist, um erfolgreiche berufliche Rehabilitation anbieten zu können.

Insgesamt müssen sich auch Angebote der beruflichen Rehabilitation dem Paradigma der gemeindepsychiatrischen Versorgung stellen und aus diesem Blickwinkel heraus darstellbar und untersuchbar sein. Dies beinhaltet die Prüfung der Wirksamkeit gemäß Kriterien der EBM, wie auch die Gewährleistung der Zusammenarbeit mit anderen medizinischen und rehabilitativen Versorgungsangeboten und die regionale gemeindepsychiatrische Versorgungsverpflichtung inklusive fester Kooperationsstrukturen. Hilfen müssen schnell und flexibel verfügbar sein. Lange Wartelisten und komplizierte Antragsverfahren schaden den Betroffenen. Die Reformen der sozialen Sicherungssysteme, insbesondere auch die der Arbeitsverwaltung haben dies nicht vereinfacht. Die hier untersuchten Einrichtungen zeigen hier Erfolge: Es gibt eine enge Kooperation in der Versorgungsregion, z. B. durch zum Teil auch vertraglich festgelegte Kooperationsbeziehungen und eine Mitarbeit in der Psychosozialen Arbeitsgemeinschaft (PSAG). Seit 1.7.05 wird darüber hinaus in der TSE gGmbH im Rahmen der EQUAL-Förderung der

EU ein Projekt zur »Beratung, personenzentrierten Betreuung und Planung« im Rahmen eines Antrages »Arbeit für psychisch kranke und behinderte Menschen« durchgeführt, das solche Planungs- und Steuerungsprozesse in der Region zu optimieren sucht.

Wenig wurde in dieser Untersuchung zu den Inhalten der beruflichen Rehabilitation gesagt. Dies war nicht ihr Thema. Sie hat vielmehr die Angebote der beiden Einrichtungen als vorgegeben angesehen und sie in diesem Rahmen untersucht. Es gibt eine umfangreiche Diskussion dazu, welche Formen der beruflichen Rehabilitation für psychisch kranke Menschen am wirksamsten sind. Überwiegend aus den USA wird berichtet, dass Supported Employment (SE) bzw. Individual Placement and Support (IPS) deutlich bessere Effekte haben als »konventionelle« berufliche Rehabilitation (TWAMLEY, JESTE & LEHMAN 2003). In Deutschland wird diese Forschung zwar rezipiert (EIKELMANN et al. 2005), in der Regelversorgung spielen SE bzw. IPS aber keine nennenswerte Rolle. IPS/SE zielt darauf ab, psychisch kranke Menschen erst auf einen Arbeitsplatz zu vermitteln und sie dann mittels eines Job Coaches dort zu halten (»first place then train«). Dies ist in Deutschland aus zweierlei Gründen schwieriger als in den USA: Zum einen stoßen solche Konzepte schnell an arbeits- und sozialrechtliche Grenzen (z. B. starrer Kündigungsschutz, Schwerbehindertenrecht, einklagbarer Anspruch auf Rehabilitationsleistung im Rahmen des Rentenverfahrens). Zum anderen ist aufgrund der gesamtwirtschaftlichen Situation der Bedarf an geringer qualifizierten, kurzfristig einzurichtenden Arbeitsplätzen (um die es in IPS/SE Programmen überwiegend geht) in Deutschland gering. Beide Aspekte sind in den USA (und auch in Großbritannien, wo ebenfalls IPS/SE propagiert wird) deutlich günstiger: Dort ist das Arbeitsrecht flexibler und die Wirtschaft hat einen höheren Bedarf an geringer qualifizierten, kurzfristig einzurichtenden Arbeitsplätzen. Aufgrund der unterschiedlichen wirtschaftlichen und arbeitsrechtlichen Rahmenbedingungen kann aber heute niemand sagen, ob IPS/SE in Deutschland genauso erfolgreich wäre wie in den USA. Die während der Untersuchung durchgeführten Angebote der TSE gGmbH und RPK gGmbH beinhalten ein hohes Maß an Praxisbezug und Flexibilität. In beiden Einrichtungen wird eine individuelle Rehabilitationsplanung durchgeführt. Vom starren Konzept einer einrichtungsgebundenen Qualifikationsmaßnahme sind sie somit weit entfernt.

Zum Abschluss: Es ist offenkundig, dass grundlegende Umbrüche stattfinden und noch zu erwarten sind, die den Bereich der beruflichen Rehabilitation für psychisch kranke Menschen berühren. Das sind auf einer sehr allgemeinen Ebene sich wandelnde gesamtgesellschaftliche Konzepte zu »Arbeit und Beschäftigung« sowie grundlegende Veränderungen der Gesundheits- und Sozialsysteme. Konkreter gesehen berührt dies die Veränderungen in der Organisation des Rehabilitationssystems wie etwa die »Ambulantisierung« (LINDEN, LIND, FUHRMANN & IRLE 2005), aber auch veränderte inhaltliche Ausrichtungen der Rehabilitation

– weg von der Defizitorientierung hin zur »ressourcenorientierten Herangehensweise« (SCHUNTERMANN 2005). Auch im Bereich der Gemeindepsychiatrie werden zurzeit grundlegende Diskussionen geführt, so etwa zur schleichenden Re-Institutionalisierung der psychiatrischen Versorgung (PRIEBE et al. 2005), zur wachsenden Armut psychisch Kranker, zur mangelnden Berücksichtigung ihrer Bedürfnisse und subjektiver Konzepte (BRIEGER 2005; EIKELMANN et al. 2005), zur Notwendigkeit besserer Planungs- und Steuerungsmodelle (BRIEGER & KIRSCHENBAUER 2004) und zu mehr Evidenzorientierung (KALLERT et al. 2005). Dazu kommen die zunehmende Finanzknappheit von Kostenträgern und die wirtschaftlichen und vor allem arbeitsmarktpolitischen Probleme der Bundesrepublik Deutschland. All das wird nachhaltige Auswirkungen auf das System der beruflichen Rehabilitation für psychisch kranke Menschen haben. Die Autoren wünschen sich, dass die anstehenden Veränderungen den vorhandenen Sachverstand und die verfügbare Evidenz nutzen. Nicht eine institutionsbezogene Sichtweise, die die Partialinteressen von Trägern und Anbietern im Auge hat, sollte Richtschnur sein, sondern überlegte Vorgehensweisen, die das Wohlergehen und die subjektiven Konzepte und Bedürfnisse der Betroffenen als oberste Leitlinie haben. Wenn dazu dieses Forschungsprojekt etwas beitragen kann, hat es sich für die Autoren auch persönlich gelohnt.

Literatur

AGENTUR FÜR ARBEIT HALLE (2005). *Presseinformation.* Halle: Bundesagentur für Arbeit.

AKTION PSYCHISCH KRANKE (2002). *Bestandsaufnahme zur Rehabilitation psychisch Kranker: Zwischenbericht zum 31.03.2002.* Bonn: Bundesministerium für Arbeit und Sozialordnung.

AKTION PSYCHISCH KRANKE (2004). *Individuelle Wege ins Arbeitsleben.* Bonn: Psychiatrie-Verlag.

ALBERS, M., HAERLIN, C., HOHM, H., JÄGER, C., MECKLENBURG, H. & SEIDL, H. (2002). *»Kölner Instrumentarium«. Schritte und Wege in die berufliche Integration psychisch Kranker und Behinderter.* Köln: BTZ Berufliche Bildung Köln GmbH.

ALBRECHT, D. & BRAMESFELD, A. (2004). Das Angebot an gemeindenahen beruflichen Rehabilitationsmöglichkeiten für psychisch kranke Menschen in der Bundesrepublik. *Gesundheitswesen, 66,* 492–498.

AMELANG, M. & BARTUSSEK, D. (2001). *Differentielle Psychologie und Persönlichkeitsforschung* (5. Aufl.). Stuttgart: Kohlhammer.

AMERICAN PSYCHIATRIC ASSOCIATION (1994). *Diagnostic and statistical Manual of mental Disorders, fourth Edition.* Washington, D.C.: American Psychiatric Association.

ANGERMEYER, M.C. & Matschinger, H. (1996). Belastungen und Bedürfnisse der Angehörigen psychisch Kranker. Ergebnisse einer Repräsentativerhebung bei den Mitgliedern des Bundesverbandes der Angehörigen psychisch Kranker. *Psychosoziale Umschau, 11,* 1–3.

ANTHONY, W.A. & JANSEN, M.A. (1984). Predicting the vocational capacity of the chronically mentally ill. Research and policy implications. *American Psychologist, 39,* 537–544.

ANTHONY, W.A., ROGERS, E.S., COHEN, M. & DAVIES, R.R. (1995). Relationship between psychiatric symptomatology, work skills, and future vocational performance. *Psychiatric Services, 46,* 353–358.

BACH, O. (1993). Rehabilitation ohne das »Recht auf Arbeit«? *Sozialpsychiatrische Information, 23,* 7–11.

BARON, R.C. & SALZER, M.S. (2002). Accounting for unemployment among people with mental illness. *Behavioral Science and the Law, 20,* 585–599.

BECKER, D.R. & DRAKE, R.E. (2003). *A working life for people with severe mental illness.* Oxford ; New York: Oxford University Press.

BECKER, T. (1998). *Gemeindepsychiatrie. Entwicklungsstand in England und Implikationen für Deutschland.* Stuttgart: Georg Thieme Verlag.

BEISER, M., BEAN, G., ERICKSON, D., ZHANG, J., IACONO, W.G. & RECTOR, N.A. (1994). Biological and psychosocial predictors of job performance following a first episode of psychosis. *American Journal of Psychiatry, 151,* 857–863.

BELL, M. & BRYSON, G. (2001). Work rehabilitation in schizophrenia: Does cognitive impairment limit improvement? *Schizophrenia Bulletin, 27,* 269–279.

BELLACK, A. S., GOLD, J. M. & BUCHANAN, R. W. (1999). Cognitive rehabilitation for schizophrenia: Problems, prospects, and strategies. *Schizophrenia Bulletin, 25,* 257–274.

BERNHARDT, J. (2002). Der Beitrag der Berufsbildungswerke zur Entwicklung der beruflichen Rehabilitation und Teilhabe junger Menschen mit psychischen Behinderungen – Möglichkeiten, Grenzen und Entwicklungsbedarf. In AKTION PSYCHISCH KRANKE, R. SCHMIDT-ZADEL & N. PÖRKSEN (Hrsg.), *Arbeit und Beschäftigung für Menschen mit psychischen Beeinträchtigungen* (S. 166–171). Bonn: Psychiatrie-Verlag.

BOARDMAN, J., GROVE, B., PERKINS, R. & SHEPHERD, G. (2003). Work and employment for people with psychiatric disabilities. *British Journal of Psychiatry, 182,* 467–468.

BOLTON, B. & ROESSLER, R. (1986). The work personality profile: Factor scales, reliability, validity, and norms. *Vocational Evaluation and Work Adjustment Bulletin, 19,* 143–149.

BOND, G. R. & FRIEDMEYER, M. H. (1987). Predictive validity of situational assessment at a psychiatric rehabilitation agency. *Psychosocial Rehabilitation Journal, 11,* 61–77.

Borkenau, P. & Ostendorf, F. (1994). *NEO-Fünf-Faktoren-Inventar (NEO-FFI) nach Costa & McCrae.* Göttingen: Hogrefe.

BREIER, A., SCHREIBER, J. L., DYER, J. & PICKAR, D. (1991). National Institutes of Mental Health longitudinal study of chronic schizophrenia: Prognosis and predictors of outcome. *Archives of General Psychiatry, 48,* 239–246.

BRIEGER, P. (2005). Pro und Kontra: Gemeindepsychiatrie in der Krise? Kontra. *Psychiatrische Praxis, 32,* 270–271.

BRIEGER, P., BLÖINK, R., RÖTTIG, S. & MARNEROS, A. (2004). Die vorzeitige Berentung von unipolar depressiv und bipolar affektiv Erkrankten. *Psychiatrische Praxis, 31,* 203–206.

BRIEGER, P. & KIRSCHENBAUER, H. J. (2004). Kann Planung und Steuerung der psychiatrischen Versorgung in Deutschland wissenschaftlich fundiert sein? *Psychiatrische Praxis, 31,* 383–386.

BRIEGER, P., ROETTIG, S. & MARNEROS, A. (2004). Lebensqualität bei unipolar depressiven und bipolar affektiven Patienten. *Psychiatrische Praxis, 31,* 304–309.

BRIEGER, P., WATZKE, S., GALVAO, A. & PRIEBE, S. (eingereicht). One factor underlies different patient-driven outcome measures.

BROMBERGER, J. T. & MATTHEWS, K. A. (1994). Employment status and depressive symptoms in middle-aged women: A longitudinal investigation. *American Journal of Public Health, 84,* 202–206.

BUNDESARBEITSGEMEINSCHAFT FÜR REHABILITATION (1987). *Empfehlungsvereinbarung über die Zusammenarbeit der Krankenversicherungsträger und der Rentenversicherungsträger sowie der Bundesanstalt für Arbeit bei der Gewährung von Rehabilitationsmaßnahmen für psychisch Kranke und Behinderte vom 17. Novem-*

ber 1986 (mit Anlage »Anforderungsprofile«). Frankfurt/M.: Bundesarbeitsgemeinschaft Rehabilitation.

BUNDESARBEITSGEMEINSCHAFT FÜR REHABILITATION (1993). *Arbeitshilfe für die Rehabilitation psychisch Kranker und Behinderter (Schriftenreihe der Bundesarbeitsgemeinschaft für Rehabilitation Heft 9)*. Frankfurt/M.: Bundesarbeitsgemeinschaft Rehabilitation.

BUNDESARBEITSGEMEINSCHAFT FÜR REHABILITATION (2003). *Reha-Info 1/2003*. Frankfurt/M.: Bundesarbeitsgemeinschaft für Rehabilitation.

BUNDESARBEITSGEMEINSCHAFT FÜR REHABILITATION & BUNDESARBEITSGEMEINSCHAFT REHABILITATION PSYCHISCH KRANKER MENSCHEN (2000). *Rehabilitation psychisch Kranker und Behinderter – RPK-Bestandsaufnahme*. Frankfurt/M.: Bundesarbeitsgemeinschaft Rehabilitation.

BUNDESMINISTERIUM FÜR ARBEIT UND SOZIALORDNUNG (1987). *Die berufliche Eingliederung psychisch Behinderter. Vorschlag für ein behinderungsgerechtes System der beruflichen Eingliederung*. Bonn: Bundesministerium für Arbeit und Sozialordnung.

BUNDESMINISTERIUM FÜR ARBEIT UND SOZIALORDNUNG (2001). *Lebenslagen in Deutschland. Der erste Armuts- und Reichtumsbericht der Bundesregierung*. Bonn: Bundesministerium für Arbeit und Sozialordnung.

CANNON-SPOOR, H. E., POTKIN, S. G. & WYATT, R. J. (1982). Measurement of premorbid adjustment in chronic schizophrenia. *Schizophrenia Bulletin, 8*, 470–487.

CARONE, B. J., HARROW, M. & WESTERMEYER, J. F. (1991). Posthospital course and outcome in schizophrenia. *Archives of General Psychiatry, 48*, 247–253.

CIOMPI, L., AGUE, C. & DAUWALDER, J. P. (1977). Ein Forschungsprogramm über die Rehabilitation psychisch Kranker: I. Konzepte und methodologische Probleme. *Nervenarzt, 48*, 12–18.

CIOMPI, L., AGUE, C. & DAUWALDER, J. P. (1978). Ein Forschungsprogramm über die Rehabilitation psychisch Kranker: II. Querschnittsuntersuchung chronischer Spitalpatienten in einem modernen psychiatrischen Sektor. *Nervenarzt, 49*, 332–338.

CLOUTH, J. (2004). Kosten der Frühverrentung am Beispiel der Schizophrenie. *Psychiatrische Praxis, 31*, S238–S245.

COOK, J. A., LEFF, H. S., BLYLER, C. R., GOLD, P. B., GOLDBERG, R. W., MUESER, K. T., TOPRAC, M. G., MCFARLANE, W. R., SHAFER, M. S., BLANKERTZ, L. E., DUDEK, K., RAZZANO, L. A., GREY, D. D. & BURKE-MILLER, J. (2005). Results of a multisite randomized trial of supported employment interventions for individuals with severe mental illness. *Archives of General Psychiatry, 62*, 505–512.

COOK, J. A., LEHMAN, A. F., DRAKE, R., MCFARLANE, W. R., GOLD, P. B., LEFF, H. S., BLYLER, C., TOPRAC, M. G., RAZZANO, L. A., BURKE-MILLER, J. K., BLANKERTZ, L., SHAFER, M., PICKETT-SCHENK, S. A. & GREY, D. D. (2005). Integration of psychiatric and vocational services: a multisite randomized, controlled trial of supported employment. *American Journal of Psychiatry, 162*, 1948–1956.

COOK, J. A. & RAZZANO, L. (2000). Vocational rehabilitation for persons with schizophrenia: Recent research and implications for practice. *Schizophrenia Bulletin, 26*, 87–103.

COSTA, P. T. & MCCRAE, R. R. (1989). *NEO PI/FFI manual supplement*. Odessa, Fl: Psychological Assessment Ressources.

CRAWFORD, J. R., HENRY, J. D., CROMBIE, C. & TAYLOR, E. P. (2001). Normative data for the HADS from a large non-clinical sample. *British Journal of Clinical Psychology, 40*, 429–434.

CROWTHER, R., MARSHALL, M., BOND, G. & HUXLEY, P. (2003). Vocational rehabilitation for people with severe mental illness (Cochrane-Review). In *The Cochrane Library* (Vol. 2). Oxford: Update Software.

DAUWALDER, H. P., CIOMPI, L., AEBI, E. & HUBSCHMID, T. (1984). Ein Forschungsprogramm zur Rehabilitation psychisch Kranker – Untersuchung zur Rolle von Zukunftserwartungen bei chronisch Schizophrenen. *Nervenarzt, 55*, 257–264.

DEISTER, A. (1996). Soziotherapie und psychiatrische Rehabilitation. In H. J. MÖLLER, G. LAUX & A. DEISTER (Hrsg.), *Psychiatrie* (S. 519–532). Stuttgart: Hippokrates Verlag GmbH.

DRAKE, R. E., BECKER, D. R., CLARK, R. E. & MUESER, K. T. (1999). Research on the individual placement and support model of supported employment. *Psychiatric Quarterly, 70*, 289–301.

DRAKE, R. E., MCHUGO, G. J., BECKER, D. R., ANTHONY, W. A. & CLARK, R. E. (1996). The New Hampshire study of supported employment for people with severe mental illness. *Journal of Consulting and Clinical Psychology, 64*, 391–399.

EHIOSUN, U. (2004). Rehabilitation versus individual placement and support: Beispiele aus der EQOLISE-Studie. *Nervenarzt, 75*, S346.

EIKELMANN, B. (1991). *Gemeindenahe Psychiatrie. Tagesklinik und komplementäre Einrichtungen*. München: Urban & Schwarzenberg.

EIKELMANN, B. & REKER, T. (1994). Rehabilitation psychisch Behinderter in den Werkstätten für Behinderte? Fakten, Ergebnisse, Empfehlungen. *Krankenhauspsychiatrie, 5*, 66–70.

EIKELMANN, B., RICHTER, D. & REKER, T. (2005). Pro und Kontra: Gemeindepsychiatrie in der Krise? Pro. *Psychiatrische Praxis, 32*, 269–270.

ENGELS, D. (1993). Medizinische und berufliche Rehabilitation für psychisch Kranke. Ergebnisse der Begleitforschung von Rehabilitationseinrichtungen für psychisch Kranke und Behinderte (RPK). *Die Rehabilitation, 32*, 227–231.

ENGELS, D. (1996). Berufliche und soziale Integration psychisch Behinderter in den neuen Bundesländern. In BUNDESMINISTERIUM FÜR ARBEIT UND SOZIALORDNUNG (Hrsg.), *Forschungsbericht* (Vol. 258). Bonn: Bundesministerium für Arbeit und Sozialordnung.

FAKHOURY, W. K., KAISER, W., ROEDER-WANNER, U. U. & PRIEBE, S. (2002). Subjective evaluation: is there more than one criterion? *Schizophrenia Bulletin, 28*, 319–327.

FDA (2004). *Innovation or Stagnation: Challenge and Opportunity on the Critical Path to New Medical Products*: FDA, US Department of Health and Human Services, Food and Drug Administration.

FRIEBOES, R.-M., ZAUDIG, M. & NOSPER, M. (Hrsg.). (2005). *Rehabilitation bei psychischen Störungen*. München: Urban & Fischer.

FYDRICH, T., RENNEBERG, B., SCHMITZ, B. & WITTCHEN, H.U. (1997). *SKID-II Strukturiertes Klinisches Interview für DSM-IV. Achse II: Persönlichkeitsstörungen.* Göttingen: Hogrefe.

GALDERISI, S., MAJ, M., MUCCI, A., CASSANO, G.B., INVERNIZZI, G., ROSSI, A., VITA, A., DELL'OSSO, L., DANELUZZO, E. & PINI, S. (2002). Historical, psychopathological, neurological, and neuropsychological aspects of deficit schizophrenia: a multicenter study. *American Journal of Psychiatry, 159*, 983–990.

GALVAO, A., WATZKE, S., GAWLIK, B., HÜHNE, M. & BRIEGER, P. (2005). Vorhersage einer Verbesserung des beruflichen Status chronisch psychisch Kranker nach rehabilitativen bzw. integrativen Maßnahmen. *Rehabilitation (Stuttg), 44*, 208–214.

GAUGGEL, S., KONRAD, K. & WIETASCH, A.K. (1998). *Neuropsychologische Rehabilitation.* Weinheim: Psychologie Verlags-Union.

GERKE, U., KOPPETSCH, B., NIEDERSTRASSER, C., SCHÜLER, D., SCHELTE, J., THEISING, A. & WEITEN, A. (2000). RPK-Bestandsaufnahme. In Bundesarbeitsgemeinschaft für Rehabilitation (Hrsg.), *Rehabilitation psychisch Kranker und Behinderter - RPK-Bestandsaufnahme* (S. 10–49). Frankfurt/M.: Bundesarbeitsgemeinschaft für Rehabilitation (BAR), Bundesarbeitsgemeinschaft Rehabilitation psychisch kranker Menschen (BAG RPK).

GOLD, J.M., GOLDBERG, R.W., MCNARY, S.W., DIXON, L.B. & LEHMAN, A.F. (2002). Cognitive correlates of job tenure among patients with severe mental illness. *American Journal of Psychiatry, 159*, 1395–1402.

GOLD, P.B., MEISLER, N., SANTOS, A.B., CARNEMOLLA, M.A., WILLIAMS, O.H. & KELEHER, J. (2005). Randomized Trial of Supported Employment Integrated With Assertive Community Treatment for Rural Adults With Severe Mental Illness. *Schizophrenia Bulletin.*

HÄFNER, H. (1997). Ein Vierteljahrhundert Rehabilitation psychisch Kranker in Deutschland. *Gesundheitswesen*, 69–78.

HAUG-BENIEN, R. (2000). *Auf der Suche nach Arbeit, die stabil macht. Gemeindenahe berufliche Rehabilitation seelisch behinderter Menschen in Kooperation mit Betrieben im Beruflichen Trainingszentrum Gütersloh.* Gütersloh: Verlag Jakob von Hoddis.

HERRMANN, C., BUSS, U. & SNAITH, R.P. (1995). *HADS-D: Hospital Anxiety and Depression Scale - Deutsche Version.* Göttingen: Huber.

HOFFMANN, H. (1999). Berufliche Integration in den allgemeinen Arbeitsmarkt – Ein realistisches Ziel für chronisch psychisch Kranke? *Psychiatrische Praxis, 26*, 211–217.

HOFFMANN, H. (2002). Das Berner Job Coach Projekt. In AKTION PSYCHISCH KRANKE, R. SCHMIDT-ZADEL & N. PÖRKSEN (Hrsg.), *Arbeit und Beschäftigung für Menschen mit psychischen Beeinträchtigungen* (S. 105–129). Bonn: Psychiatrie Verlag.

HOFFMANN, H. (2004). Erste Erfahrungen mit »supported employment« in der Schweiz. *Der Nervenarzt, 75*, S345.

HOFFMANN, H. & KUPPER, Z. (1996). Patients dynamics in early stages of vocational rehabilitation: A pilot Study. *Comprehensive Psychiatry, 37*, 216–221.

Hoffmann, H. & Kupper, Z. (1997). Relationship between social competence, psychopathology, work performance and their predictive value for vocational rehabilitation of schizophrenic outpatients. *Schizophrenia Research, 23*, 69–79.

Hoffmann, H. & Kupper, Z. (2003). Prädiktive Faktoren einer erfolgreichen beruflichen Wiedereingliederung von schizophrenen Patienten. *Psychiatrische Praxis, 30*, 312–317.

Hoffmann, H., Kupper, Z., Zbinden, M. & Hirsbrunner, H. P. (2003). Predicting vocational functioning and outcome in schizophrenia outpatients attending a vocational rehabilitation program. *Social Psychiatry and Psychiatric Epidemiology, 38*, 76–82.

Hoffmann, K. & Priebe, S. (1996). Welche Bedürfnisse nach Hilfe haben schizophrene Langzeitpatienten? – Probleme der Selbst- und Fremdbeurteilung von »Needs«. *Fortschritte der Neurologischen Psychiatrie, 64*, 473–481.

Holler, G. & Wollny, H. (1999). Die Entwicklung des Schwerpunktes »Beschäftigung/Berufliche Rehabilitation« im Modellverbund »Psychiatrie«. In Bundesministerium für Gesundheit (Hrsg.), *Berufliche Rehabilitation und Beschäftigung für psychisch Kranke und seelisch Behinderte. Eine Bilanz des Erreichten und des Möglichen. Band 119 der Schriftenreihe des Bundesministeriums für Gesundheit* (S. 49–58). Baden-Baden: Nomos.

Horn, W. (1983). *Leistungsprüfsystem LPS* (2. Aufl.). Göttingen: Hogrefe.

Ilonen, T., Taiminen, T., Lauerma, H., Karlsson, H., Helenius, H. Y. M., Tuimala, P., Leinonen, K.-M., Wallenius, E. & Salokangas, R. K. R. (2000). Impaired Wisconsin Card Sorting Test performance in first-episode schizophrenia: Ressource or motivation deficit? *Comprehensive Psychiatry, 41*, 385–391.

Jaeger, J. & Douglas, E. (1992). Neuropsychiatric rehabilitation for persistent mental illness. *Psychiatric Quarterly, 63*, 71–94.

Kaiser, T., Florack, C., Franz, H. & Sawicki, P. T. (2005). Donepezil bei Patienten mit Alzheimer-Demenz Die AD2000-Studie. *Medizinische Klinik (Munich), 100*, 157–160.

Kallert, T. W. (2005). Braucht psychiatrische Versorgungsforschung randomisierte kontrollierte Studien? *Psychiatrische Praxis, 32*, 375–377.

Kallert, T. W., Leisse, M., Kulke, C. & Kluge, H. (2005). Evidenzbasierung gemeindepsychiatrischer Versorgungsangebote in Deutschland: eine Bestandsaufnahme. *Gesundheitswesen, 67*, 342–354.

Kates, N., Greiff, B. S. & Hagen, D. Q. (1990). *The psychological Impact of Job Loss*. Washington: American Psychiatric Press.

Kay, S. R., Fiszbein, A, Opler, L. A. (1987). The positive and negative syndrome scale (PANSS) for schizophrenia. *Schizophrenia Bulletin, 13*, 261–276.

Kay, S. R., Opler, L. A. & Lindenmayer, J. P. (1988). Reliability and validity of the positive and negative syndrome scale for schizophrenics. *Psychiatry Research, 23*, 99–110.

Kieselbach, T., Klink, F., Scharf, G. & Schulz, S.-O. (1997). Chancen auf einen neuen Job? Teilnehmervoraussetzungen und Effekte eines Pilotprojektes für Langzeitarbeitslose. In G. S. Klein, H. (Hrsg.), *Schwer vermittelbar* (S. 333–359). Göttingen: Hubert & Co.

KRAUSS, H., MARWINSKI, K., SCHULZE, T., MUELLER, D. J., HELD, T., RIETSCHEL, M., MAIER, W. & FREYBERGER, H. J. (2000). Zur Reliabilität und Validität der deutschen Version der Prämorbiden Anpassungsskala (PAS). *Nervenarzt, 71*, 188–194.

KUNZE, H. (1999). Personenzentrierter Ansatz in der psychiatrischen Versorgung in Deutschland. *Psycho, 25*, 728–735.

KUNZE, H. (2001). Der Entwicklungshorizont der Psychiatrie-Enquete: Ziele – Kompromisse – zukünftige Aufgaben? In AKTION PSYCHISCH KRANKE (Hrsg.), *25 Jahre Psychiatrie-Enquete. Band 1* (S. 103–127). Bonn: Psychiatrie-Verlag.

LEHMAN, A. F. (1995). Vocational rehabilitation in schizophrenia. *Schizophrenia Bulletin, 21*, 645–656.

LEHMANN, K. (1999). Grundsätzliche Bemerkungen zur Beruflichen Rehabilitation psychisch Behinderter. In BUNDESMINISTERIUM FÜR GESUNDHEIT (Hrsg.), *Berufliche Rehabilitation und Beschäftigung für psychisch Kranke und seelisch Behinderte. Eine Bilanz des Erreichten und des Möglichen. Band 119 der Schriftenreihe des Bundesministeriums für Gesundheit* (S. 25–48) Baden-Baden: Nomos.

LEON, A. C., SOLOMON, D. A., MUELLER, T. I., TURVEY, C. L., ENDICOTT, J. & KELLER, M. B. (1999). The Range of Impaired Functioning Tool (LIFE-RIFT): A brief measure of functional impairment. *Psychological Medicine, 29*, 869–878.

LIBERMAN, R. P., KOPELOWICZ, A., VENTURA, J. & GUTKIND, D. (2002). Operational criteria and factors related to recovery from schizophrenia. *International Review of Psychiatry, 14*, 256–272.

LIN, E. H., VONKORFF, M., RUSSO, J., KATON, W., SIMON, G. E., UNUTZER, J., BUSH, T., WALKER, E. & LUDMAN, E. (2000). Can depression treatment in primary care reduce disability? A stepped care approach. *Archives of Family Medicine, 9*, 1052–1058.

LINDEN, M., LIND, A., FUHRMANN, B. & IRLE, H. (2005). Wohnortnahe Rehabilitation. *Rehabilitation*, 82–89.

LOWE, B., SPITZER, R. L., GRAFE, K., KROENKE, K., QUENTER, A., ZIPFEL, S., BUCHHOLZ, C., WITTE, S. & HERZOG, W. (2004). Comparative validity of three screening questionnaires for DSM-IV depressive disorders and physicians' diagnoses. *Journal of Affective Disorders, 78*, 131–140.

LYSAKER, P. & BELL, M. (1995). Work performance over time for people with schizophrenia. *Psychosocial Rehabilitation Journal, 18*, 141–145.

LYSAKER, P., BELL, M., ZITO, W. S. & BIOTY, S. M. (1995). Social skills at work. Deficits and predictors of improvement in schizophrenia. *Journal of Nervous and Mental Disease, 183*, 688–692.

MARNEROS, A., ANDREASEN, N. C. & TSUANG, M. T. (1991). *Negative versus Positive Schizophrenia*. New York, NY: Springer.

MARNEROS, A. & BRIEGER, P. (2002). Prognosis of Bipolar Disorder. In M. MAJ, H. S. AKISKAL, J. J. LÓPEZ-IBOR & N. SARTORIUS (Hrsg.), *Bipolar Disorder* (Vol. 5, S. 97–189). Chichester: Wiley.

MARNEROS, A., DEISTER, A. & ROHDE, A. (1992). Comparison of long-term outcome in schizophrenic, affective and schizoaffective disorders. *British Journal of Psychiatry, 161*, 44–51.

MARNEROS, A., ROHDE, A., DEISTER, A. & STEINMEYER, E. M. (1990). Behinderung und Residuum bei schizoaffektiven Psychosen – Daten, methodische Probleme und Hinweise für zukünftige Forschung. *Fortschritte der Neurologie und Psychiatrie, 58*, 66–75.

MARSHALL, M., CROWTHER, R., ALMARAZ-SERRANO, A., CREED, F., SLEDGE, W., KLUITER, H., ROBERTS, C., HILL, E., WIERSMA, D., BOND, G.R., HUXLEY, P. & TYRER, P. (2001). Systematic review of the effectiveness of day care for people with severe mental disorders: (1) Acute day hospital versus admission; (2) Vocational rehabilitation; (3) Day hospital versus outpatient care. *Health Technology Assessment, 5*, 1–65.

MARWAHA, S. & JOHNSON, S. (2004). Schizophrenia and employment – A review. *Social Psychiatry and Psychiatric Epidemiology, 39*, 337–349.

MASSEL, H.K., LIBERMAN, R.P., MINTZ, J., JACOBS, H.E., RUSH, T.V., GIANNINI, C.A. & ZARATE, R. (1990). Evaluating the capacity to work of the mentally ill. *Psychiatry, 53*, 31–43.

MCGURK, S.R. & MELTZER, H.Y. (2000). The role of cognition in vocational functioning in schizophrenia. *Schizophrenia Research, 45*, 175–184.

MCGURK, S.R. & MUESER, K.T. (2004). Cognitive functioning, symptoms, and work in supported employment: A review and heuristic model. *Schizophrenia Research, 70*, 147–173.

MONCRIEFF, J. & KIRSCH, I. (2005). Efficacy of antidepressants in adults. *British Medical Journal, 331*, 155–157.

MORGAN, R. & CHEADLE, A.J. (1975). Unemployment impedes resettlement. *Social Psychiatry, 10*, 63–67.

MUESER, K.T., SALYERS, M.P. & MUESER, P.R. (2001). A prospective analysis of work in schizophrenia. *Schizophrenia Bulletin, 27*, 281–296.

MURRAY, C.J.L. & LOPEZ, A.D. (1996). *The Global Burden of Disease and Injuries Series*. Cambridge: Harvard School of Public Health.

NORQUIST, G.S. (2002). Role of Outcome Measurement in Psychiatry. In W.W. ISHAK, T. BURT & L. SEDERER (Hrsg.), *Outcome Measurement in Psychiatry: A critical Review* (S. 3–13). Washington: American Psychiatric Publishing, Inc.

ORMEL, J., OLDEHINKEL, A.J. & BRILMAN, E.I. (2001). The Interplay and Etiological Continuity of Neuroticism, Difficulties, and Life Events in the Etiology of Major and Subsyndromal, First and Recurrent Depressive Episodes in Later Life. *American Journal of Psychiatry, 158*, 885–891.

PERLICK, D., MATTIS, S., STATNY, P. & TERESI, J. (1992). Neuropsychological discriminators of long-term inpatient or outpatient status in chronic schizophrenia. *Journal of Neuropsychiatry and Clinical Neurosciences, 4*, 428–434.

PFAMMATTER, M., HOFFMANN, H., KUPPER, Z. & BRENNER, H.D. (2000). Arbeitsrehabilitation bei chronisch psychisch Kranken – Eine Standortbestimmung. *Fortschritte der Neurologie und Psychiatrie, 68*, 61–69.

PODESZFA, H. (1997). Bessere berufliche Bildungschancen für psychisch Behinderte durch Vorbereitungsmaßnahmen im Vorfeld der Umschulung. In H. PODESZFA & B. MELMS (Hrsg.), *Berufsförderung psychisch Behinderter* (S. 7–17). Berlin und Bonn: Bundesinstitut für Berufsbildung.

PRIEBE, S., BADESCONYI, A., FIORITTI, A., HANSSON, L., KILIAN, R., TORRES-GONZA-

LES, F., TURNER, T. & WIERSMA, D. (2005). Reinstitutionalisation in mental health care: comparison of data on service provision from six European countries. *British Medical Journal, 330,* 123–126.

PRIEBE, S. & SLADE, M. (Hrsg.). (2002). *Evidence in Mental Health Care.* Hove and New York: Brunner-Routledge.

PRITCHARD, C. (1992). Is there a link between suicide in young men and unemployment? A comparison of the UK with other European Community Countries. *British Journal of Psychiatry, 160,* 750–756.

PUKROP, R. (2003). Subjektive Lebensqualität. Kritische Betrachtung eines modernen Konstruktes. *Nervenarzt, 74,* 48–54.

REIMER, F., KUNOW, J. & KUHNT, S. (1990). *Berufliche Wiedereingliederung schwer behinderter psychisch Kranker (Forschungsbericht im Auftrag des Bundesministeriums für Arbeit und Sozialordnung, Bd. 195).* Bonn: Bundesministerium für Arbeit und Sozialordnung.

REKER, T. (1998). *Arbeitsrehabilitation in der Psychiatrie.* Darmstadt: Steinkopff.

REKER, T. & EIKELMANN, B. (2004). Berufliche Eingliederung als Ziel psychiatrischer Therapie. *Psychiatrische Praxis, 31,* S251–255.

ROGERS, E. S., ANTHONY, W. A., COHEN, M. R. & DAVIES, R. (1997). Prediction of vocational outcome based on clinical and demographic indicators among vocationally ready clients. *Community Mental Health Journal, 33,* 99–112.

RÖSSLER, W. (Hrsg.). (2004). *Psychiatrische Rehabilitation.* Berlin Heidelberg New York: Springer.

RÜESCH, P., GRAF, J., MEYER, P. C., RÖSSLER, W. & HELL, D. (2004). Occupation, social support and quality of life in persons with schizophrenic or affective disorders. *Social Psychiatry and Psychiatric Epidemiology, 39,* 686–694.

RUND, B. R., MELLE, I., FRIIS, S., LARSEN, T. K., MIDBOE, L. J., OPJORDSMOEN, S., SIMONSEN, E., VAGLUM, P. & McGLASHAN, T. (2004). Neurocognitive dysfunction in first-episode psychosis: Correlates with symptoms, premorbid adjustment, and duration of untreated psychosis. *American Journal of Psychiatry, 161,* 466-472.

SCHERNUS, R. (2001). »Moderne Zeiten« – Mögliches und Unmögliches in der Psychiatrie. *Sozialpsychiatrische Informationen, 2,* 33–38.

SCHRAPPE, M. & LAUTERBACH, K. W. (2001). Evidence-based Medicine: Einführung und Begründung. In K. W. LAUTERBACH & M. SCHRAPPE (Hrsg.), *Gesundheitsökonomie, Qualitätsmanagement und Evidence-based Medicine. Eine systematische Einführung.* (S. 57–66). Stuttgart: Schattauer.

SCHULER, H. & PROCHASKA, M. (2001). *LMI – Leistungsmotivationsinventar: Dimensionen berufsbezogener Leistungsorientierung.* Göttingen: Hogrefe.

SCHUNTERMANN, M. (2005). Das Klassifikationssystem ICF und der Begriff »Empowerment«. In R.-M. FRIEBOES, M. ZAUDIG & M. NOSPER (Hrsg.), *Rehabilitation bei psychischen Störungen* (S. 15–27). München: Urban & Fischer.

SEYFRIED, E., MELCOP, G. & ROTH, I. (1993). *Beschäftigung und berufliche Rehabilitation von psychisch Behinderten in Selbsthilfefirmen (Forschungsbericht im Auftrag des Bundesministeriums für Arbeit und Sozialordnung, Bd. 228).* Bonn: Bundesministerium für Arbeit und Sozialordnung.

Sheehan, D. V., Harnett-Sheehan, K. & Raj, B. A. (1996). The measurement of disability. *International Clinical Psychopharmacology, 11 (suppl 3)*, 89–95.

Slade, M., Phelan, M., Thornicroft, G. & Parkman, S. (1996). The Camberwell Assessment of Need (CAN): comparison of assessments by staff and patients of the needs of the severely mentally ill. *Social Psychiatry and Psychiatric Epidemiology, 31*, 109–113.

Stratta, P., Prosperini, P., Daneluzzo, E., Bustini, M. & Rossi, A. (2001). Educational level and age influence spatial working memory and Wisconsin Card Sorting Test performance differently: A controlled study in schizophrenic patients. *Psychiatry Research, 102*, 39–48.

Strauss, J. S. & Carpenter, W. T. (1972). The prediction of outcome in schizophrenia: I. Characteristics of outcome. *Archives of General Psychiatry, 27*, 739–746.

Strauss, J. S. & Carpenter, W. T. (1974). Characteristic symptoms and outcome in schizophrenia. *Archives of General Psychiatry, 30*, 429–434.

Teichmann, J. V. (2002). Onkologische Rehabilitation: Evaluation der Effektivität stationärer onkologischer Rehabilitationsmaßnahmen. *Rehabilitation (Stuttg), 41*, 53–63.

Thurstone, L. L. (1946). Theories of intelligence. *Scientific Monthly, 62*, 101–112.

Thurstone, L. L. (1948). Primary mental abilities. *Science, 108*, 585.

Thurstone, L. L. (1960). *The nature of intelligence.* Oxford, England: Littlefield, Adams.

Twamley, E. W., Jeste, D. V. & Lehman, A. F. (2003). Vocational rehabilitation in schizophrenia and other psychotic disorders - A literature review and meta-analysis of randomized controlled trials. *Journal of Nervous and Mental Disease, 191*, 515–523.

Warner, R. (2004). *Recovery from Schizophrenia. Psychiatry and Political Economy* (3rd ed.). Hove and New York: Brunner-Routledge.

Watzke, S. & Brieger, P. (2004). Neuropsychologische Diagnostik in der beruflichen Rehabilitation schizophrener Menschen. *Fortschritte der Neurologie und Psychiatrie, 72*, 643–651.

Watzke, S., Galvao, A., Gawlik, B., Hühne, M. & Brieger, P. (2005). Ausprägung und Veränderung der Arbeitsfähigkeiten psychisch kranker Menschen in der beruflichen Rehabilitation. *Psychiatrische Praxis, 32*, 292–298.

Watzke, S., Galvao, A., Gawlik, B., Hühne, M. & Brieger, P. (im Druck). Maßnahmeabbrecher in der beruflichen Rehabilitation psychisch kranker Menschen. *Psychiatrische Praxis.*

Weig, W. (2000). Die Rehabilitationseinrichtungen für psychisch Kranke und Behinderte RPK – Eine Standortbestimmung. In Bundesarbeitsgemeinschaft für Rehabilitation (Hrsg.), *Rehabilitation psychisch Kranker und Behinderter – RPK-Bestandsaufnahme* (S. 5–9). Frankfurt/M.: Bundesarbeitsgemeinschaft für Rehabilitation (BAR), Bundesarbeitsgemeinschaft Rehabilitation psychisch kranker Menschen (BAG RPK).

Weig, W. & Schell, G. (2005). Rehabilitation für psychisch kranke Menschen in Deutschland. Zur räumlichen Verteilung des RPK-Angebotes. *Krankenhauspsychiatrie, 16*, 107–112.

Weig, W. & Wiedl, K.H. (1995). Die Rehabilitationseinrichtung für psychisch Kranke und Behinderte (RPK) (II). *Krankenhauspsychiatrie, 6,* 165–168.

Welte, W. (1999). »Behinderung«, »Integration« und »berufliche Rehabilitation« – Begriffsgeschichte und aktuelle Rahmenbedingungen. In G. Längle, W. Welte & G. Buchkremer (Hrsg.), *Arbeitsrehabilitation im Wandel. Stand und Perspektiven der Integration psychisch kranker und geistig behinderter Menschen* (S. 23–36). Tübingen: Attempo.

WHO Regional Office for Europe's Health Evidence Network (HEN) (2003). *What are the arguments for community-based mental health care?* Copenhagen, Denmark: WHO Regional Office for Europe.

Whoqol-Group (1998). Development of the World Health Organization WHO-QOL-BREF quality of life assessment. *Psychological Medicine, 28,* 551–558.

Wiedl, K.H. & Schöttke, H. (2002). Vorhersage des Erfolgs schizophrener Patienten in einem psychoedukativen Behandlungsprogramm durch Indikatoren des Veränderungspotentials im Wisconsin Card Sorting Test. *Verhaltenstherapie, 12,* 90–96.

Wiedl, K.H., Uhlhorn, S. & Jöns, K. (2004). Das Osnabrücker Arbeitsfähigkeitenprofil (O-AFP) für psychisch erkrankte Personen: Konzept, Entwicklung und Erprobung bei schizophrenen Patienten. *Die Rehabilitation, 43,* 368–374.

Wiedl, K.H., Uhlhorn, S., Kohler, K. & Weig, W. (2002). Das Arbeitsfähigkeitenprofil (AFP): Ein Instrument zur Erfassung der Arbeitsfähigkeiten psychiatrischer Patienten. *Psychiatrische Praxis, 29,* 25–28.

Wing, J.K. & Brown, G.W. (1970). *Institutionalism and Schizophrenia: A comparative Study of three mental Hospitals 1960–1968.* Cambridge: University Press.

Wittchen, H.U., Zaudig, M. & Fydrich, T. (1997). *SKID: Strukturiertes Klinisches Interview für DSM-IV. Achse I: Psychische Störungen.* Göttingen: Hogrefe.

Wollny, H. (1999a). Die Ergebnisse der Modellerprobung in der Zusammenschau. In Bundesministerium für Gesundheit (Hrsg.), *Berufliche Rehabilitation und Beschäftigung für psychisch Kranke und seelisch Behinderte. Eine Bilanz des Erreichten und des Möglichen. Band 119 der Schriftenreihe des Bundesministeriums für Gesundheit* (S. 63–82). Baden-Baden: Nomos.

Wollny, H. (1999b). Modelle zur beruflichen (Re-)Integration. In Bundesministerium für Gesundheit (Hrsg.), *Berufliche Rehabilitation und Beschäftigung für psychisch Kranke und seelisch Behinderte. Eine Bilanz des Erreichten und des Möglichen. Band 119 der Schriftenreihe des Bundesministeriums für Gesundheit* (S. 83–124). Baden-Baden: Nomos.

Zigmond, A.S. & Snaith, R.P. (1983). The hospital anxiety and depression scale. *Acta Psychiatrica Scandinavia, 67,* 361–370.

Anschriften der Autoren

Priv.-Doz. Dr. med. habil. Peter Brieger
Bezirkskrankenhaus Kempten
Freudental 1
87435 Kempten
und Universitätsklinik für Psychiatrie und Psychotherapie
Martin-Luther-Universität Halle-Wittenberg

Dr. rer. nat. Dipl.-Psych. Stefan Watzke
Dipl.-Psych. Anja Galvao
Universitätsklinik für Psychiatrie und Psychotherapie
Martin-Luther-Universität Halle-Wittenberg
06097 Halle/Saale

Dipl.-Sozialarbeiter Michael Hühne
RPK Sachsen-Anhalt gGmbH
Reichardtstr. 4
06114 Halle/Saale

Dipl.-Psych. Berthold Gawlik
TSE gGmbH
Philipp-Müller-Straße 88
06110 Halle/Saale

Gerd Grampp, Anke Triebel
Lernen und arbeiten in der Werkstatt für behinderte Menschen
Berufliche Bildung, Arbeit und Mitwirkung bei psychischer Erkrankung
Forschung für die Praxis/Hochschulschriften
3-88414-331-X, 4. Auflage 2006
112 Seiten, 24,90,Euro/43,70 sFr

Reha-Werkstätten sind Einrichtungen, in denen Menschen mit psychischer Erkrankung bzw. Behinderung einer speziellen und ihrer Erkrankung angemessenen beruflichen Tätigkeit nachgehen können. Die Rahmenbedingungen sind gesetzlich festgelegt und in Rechtsverordnungen präzisiert. Standen die Werkstätten früher nur für den »geschützten Arbeitsprozess«, gehen sie heute weit darüber hinaus. Auf der Grundlage einer »Didaktik und Methodik der Vermittlung arbeits- und berufsfördernder Kenntnisse an geistig oder psychisch behinderte Erwachsene« sind Bildung, Arbeit und Mitwirkung als Rehabilitationsmittel mit einbezogen.
Die Autoren dokumentieren in ihrer Arbeit ein Projekt, dessen Ziel es war, eine Konzeption für die berufliche Qualifizierung von psychisch kranken Menschen in der Reha-Werkstatt zu entwickeln, unter besonderer Berücksichtigung der ethischen und gesetzlichen Vorgaben. Als grundlegende Prozesse werden beschrieben: Erstkontakt, Erprobung/Entscheidung, Berufsbildung, Arbeit, Mitwirkung. Handlungsanleitungen mit Materialien bilden den Schwerpunkt des nächsten Abschnittes. Dabei geht es z. B. um Gestaltung des ersten Arbeitstages, Testverfahren, systemisch-strukturgeleitetes Lernen, kooperatives Problemlösen. Im Anhang werden weitere wichtige Materialien dokumentiert.

**Psychiatrie-Verlag • Thomas-Mann-Str. 49 a • 53111 Bonn •
Tel.: 0228/72534-0 • mail: verlag@psychiatrie.de**

Weber, Peter (Hg.)
Tätig sein!
Jenseits der Erwerbsarbeit
3-88414-386-7
Ratschlag
180 Seiten, 12,90 Euro/23,50 sFr

Feste Arbeitsplätze werden rar – und für die Arbeitsrehabilitation psychisch beeinträchtigter Menschen wird die Orientierung am so genannten ersten Arbeitsmarkt immer zweifelhafter. Was also tun, wenn die Erwerbsarbeit wegfällt? Die Antwort kann lauten: Trotzdem »tätig sein«!
Dieser Ratgeber will Anregungen geben, sich seiner eigenen Fähigkeiten und Chancen bewusst zu werden. Da gibt es vielleicht die eigene Bildungsbiografie zu entdecken und all das aufzuspüren, was einmal mit Freude gelernt und etwa in Form von Hobbys auch realisiert wurde. Da kann es um Hilfestellungen für andere Menschen gehen, in der Nachbarschaft, im Freundeskreis oder im ehrenamtlichen Engagement. Dazu gehören aber auch kreative Ideen für die Existenzsicherung wie Möglichkeiten des Zuverdienstes.
Wem es gelingt, die freie Zeit produktiver zu nutzen, der wird sich gegen die negativen Auswirkungen von Arbeitslosigkeit besser schützen und neue Perspektiven für sein Leben entwickeln können.
»Das Buch informiert in zahlreichen praktischen Fragen, und es macht auf ansprechende Weise Mut, ohne in einen fahrlässigen Hauruckoptimismus zu verfallen. Betont wird vielmehr, dass eine Aufwertung alternativer Arbeitsformen nicht etwa nur das Anliegen einer Hand voll Gescheiterter sei, sondern kollektiv geboten, eine gesamtgesellschaftliche Notwendigkeit.« *Gabriele Michel, Psychologie heute*

Psychiatrie-Verlag • Thomas-Mann-Str. 49a • 53111 Bonn •
Tel.: 0228/72534-0 • mail: verlag@psychiatrie.de

Druck:
Customized Business Services GmbH
im Auftrag der
KNV Zeitfracht GmbH
Ein Unternehmen der Zeitfracht - Gruppe
Ferdinand-Jühlke-Str. 7
99095 Erfurt